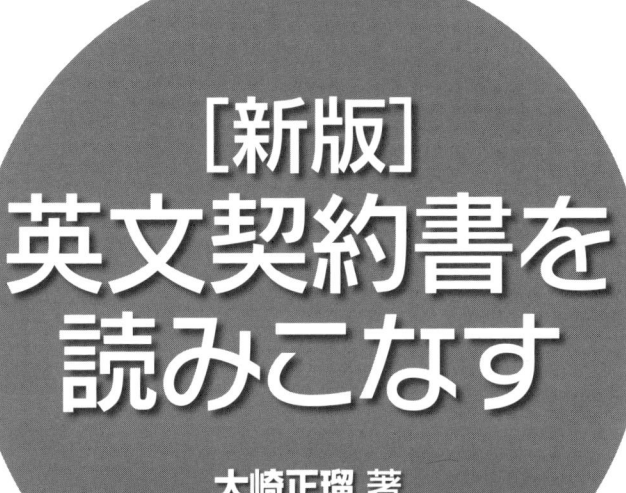

［新版］
英文契約書を読みこなす

大崎正瑠 著

大修館書店

まえがき

　本書は，英文契約書を法律面だけでなく，英語面からも読者の手助けとなるよう解説する手引き書です。
　上司から突然英文契約書を渡され，この課でやるべきことをリストアップし日程表を作成してくれなどと言われたことはありませんか？　場合によっては契約内容の実行のため海外出張を命じられることもあるかもしれません。しかしながら大学でも英文契約書を勉強する機会はあまりないでしょう。多くの類書は英文契約書を作成する立場にある法務部部員，総務部部員，国際渉外弁護士のために書かれていますが，本書は，このような少数の英文契約書作成者のためではなく，むしろ英文契約書を読む人のために書かれています。したがって内容は広く，人材の手配をする人事部員，収支を計算する経理部員，原材料・部品等を調達・送達する購買部員や輸出入部員，生産にも関われば生産管理部員や各工場部員など多くの社員と関わり合うことになります。
　契約書英語は，最初は難しく感じますが，慣れると思ったより易しいということになると思います。それは法律の世界は保守的で，ビジネスの世界が日々変化していても，契約書の様式・スタイルは，ほとんど変化せず，専門用語（technical term）も限定されているからです。限られた法律用語やひな形を覚えてしまえば後は楽ということが言えると思います。それに加えて1970年くらいからアメリカでは平易な英語（plain English）を使用する運動が起こり，契約書では難しい英語を使わないようにすることになっています。しかし個々の契約書によりますが，法律用語以外の技術など中身に関する難しい単語・用語が出てくることはあります。
　このような事情を踏まえて，法律的な解説が過剰にならないように，むしろ英文契約書の英文に慣れることを主眼として書かれています。本書の中にはさらに自分で発展できるよう多くの参考文献や辞典を紹介していますので，活用してください。

著者は，大学卒業後に売買契約や技術提携契約を含め国際ビジネスの実務経験を経て，大学(院)等でビジネス英語や異文化コミュニケーションの研究や教育をしてきました。その間アメリカのペンシルバニア大学ウォートン・ビジネススクールおよびロー・スクールの客員研究員あるいは北京の対外経済貿易大学の交換教授などを経験しました。

　英文契約書は，法律面ばかり強調されがちですが，ビジネスマンとして実際にはビジネス，英語，法律の3点からバランスがとれたアプローチが必要です。これに加えて相手の文化も研究することが必要です。

　契約書の英語というと堅く難しい感じがしますが，定型の語句や文章が多く，いくつか経験しますと次第に慣れてきます。できるだけ楽しく本書から契約英語を学んでいただきたい。目で見るだけでなく，口で発音しそれを耳からも聞きながら学んでください。このことは，もしかしたら将来の英語によるプレゼンの時にも役に立ちます。英語部分もすらすらと読めるように日頃より読みの訓練もしておきましょう。難しい発音や間違いやすいアクセントの語には発音記号を示しました。本書が，英語嫌い法律嫌いの読者にも役に立てるようであれば望外の喜びとするものです。

　英文校閲については，イギリス生まれで，オーストラリアとニュージーランドで高等教育を受け，現在東京経済大学特任講師のアラン・ストーク氏に主として英文契約書の校閲をお願いしました。意見が合わないところは協議をし，より良いものになるよう努めました。

　なお本書は，『英文契約書を読みこなす』(丸善出版，1999年)の改訂新版です。同社の新書シリーズ(丸善ライブラリー)からの撤退のため，大修館書店のご好意により改めて出版されたものです。出版にあたっては，同社取締役飯塚利昭氏に大変お世話になりました。丁寧な編集と併せてここに感謝申し上げます。

2011年5月

大崎正瑠

目 次

まえがき　*iii*

第1章　英文契約書と向き合う ………………………………… *1*
　（1）契約意識の相違 ………………………………………… *1*
　（2）自分の役割 …………………………………………… *2*
　（3）辞典の活用：法律辞典，英和辞典，和英辞典，英英辞典 … *5*

第2章　英文契約書の種類・類型・構成 ……………………… *12*
　（1）英文契約書の種類 …………………………………… *12*
　（2）英文契約書の類型 …………………………………… *16*
　（3）英文契約書の構成 …………………………………… *16*

第3章　英文契約書の基本語句と表現 ………………………… *22*
　（1）英文契約書に関する英語表現 ……………………… *22*
　（2）shall, may, will, can, must, should などについて …… *24*
　（3）慣用語句と表現 ……………………………………… *26*
　（4）同義語の並列 ………………………………………… *33*
　（5）ラテン語（＋フランス語）………………………… *37*
　（6）数量の範囲を表す表現 ……………………………… *42*
　（7）日・期間に関する表現 ……………………………… *43*

第4章　英文契約書の実例 ……………………………………… *48*
　（1）売買契約書（Sales Agreement）…………………… *48*
　（2）販売店契約書（Distributorship Agreement）……… *70*
　（3）販売代理店契約書（Sales Agency Agreement）…… *86*
　（4）技術提携契約書（Technical Collaboration Agreement）… *98*
　（5）合弁事業契約書（Joint Venture Agreement）……… *125*
　（6）アパート賃貸借契約書（Apartment Lease）……… *158*

Coffee break（1）：英米法について ……………………………………4
Coffee break（2）：タンポポ（dandelion）は「ライオンの歯」 ………16
Coffee break（3）：「アングロ・サクソン」本当の意味は？ ……………21
Coffee break（4）：英語の長く恵まれない時代……………………………41
Coffee break（5）：判例研究……………………………………………………45
Coffee break（6）：インコタームズと取引条件……………………………68
Coffee break（7）：「検疫」Quarantine [kwɔ́(:)rənti:n] ………………71
Coffee break（8）：条件（terms & condition）と担保（warranty） ……84
Coffee break（9）：best seller はなぜ「売る人」でないか？ ……………87
Coffee break（10）：語源で語彙を増やす ……………………………………185

参考文献　*192*
英語索引　*194*
日本語索引　*201*

第1章
英文契約書と向き合う

(1) 契約意識の相違

　一般的には英文契約書に出会うことはさほど多くはありませんが，日本語の契約書には，たとえばアパート賃貸借契約書にはお目にかかったことがあるのではないでしょうか。これは2ページ程度の簡単な契約書が多いと思います。一方筆者がアメリカ滞在中に経験した英語のアパート賃貸借契約書は，本体10ページとそれに付随する支払保証契約書4ページを含めると14ページにもなり長いものでした（類似のものが第4章に掲載）。

　西洋における契約意識は，「契約」と「契約書」は同心円にあると考えている点にあります。すなわち彼らは，「契約書」が「契約」の延長線にあると考えています。契約を守るためには契約書をそれなりにきちっとしておかなければなりません。また彼らは，契約とは交渉の一環と考えています。契約書を作成する場合にも，契約条件の一つひとつについて損得を計算の上，自分の利益を最大にすべく交渉をします。またアメリカには契約を破る自由もあるといいます。すなわち契約を守るということには，契約を履行するというのと，契約を破って損害賠償を支払うか，そのどちらかの行動を合理的に計算して選択するに過ぎないということです。契約に対して極めてドライな考え方をもちます。また信頼できない相手でも「契約書」で相手をコントロールできると考えています。ですから長くて網羅的なのが英文契約書の特徴です。何か問題があれば，すぐ訴訟を考えます。

　一方日本人の契約に対する意識は，時代により若干は変化してきているとはいえ，基本的には「信頼誠実」に基づいており，いわば信頼関係です。すなわち「契約」と「契約書」は別物であってもよい。日本では，契約書を

作成しないという例もそれほど珍しくなく，契約書を作成するにしても，その内容は一般にきわめて簡単で契約内容のうち重要な要素だけを規定することも多い。さらに契約当事者は，お互いに対立した関係にあるという意識は，ほとんどなくなり，契約を結んだあとも，つとめて調和を保とうとし，条項の文言よりも当事者間の関係を重視しようとします。このような日本人の契約関係は「同化」(assimilation) と呼ばれます。「同化」は「対立」(confrontation) に対する概念です。信頼関係さえ確立しておれば，細かい契約条項を決めないようにし，そしてできるだけ訴訟を避けようとします。すなわち問題が生じれば，誠意を尽くして当事者間で解決しようとします。契約書においても多くの場合「別途協議条項」とか「円満協議条項」というのがあって，敢えて訴訟にしようとはしません。そして争いが起こったときは，その都度協議して解決していけばよいと考えています。当事者でどうにもならない場合は，裁判ではなく，まずは調停により解決しようとします。調停は，訴訟と違って強制力がありません。いわば当事者間の解決に第三者が補助的に機能するというものです。この意味で調停も当事者間の解決と見られないことはありません。どうしてもやむを得ない場合に限り訴訟となります。結局日本人は，信頼関係を重視し，信頼できる相手と契約を結びたいと考えています。

　英文契約書については，一応西洋流の考え方に基づいて読み，検討してみるべきです。日本流が「性善説」に基づいているとすれば，西洋流は相手を信用しない「性悪説」に基づくものです。さらに西洋においては，自分の言いたいことは全部話すまたは書こうとし，また相手の言うことまたは書いてあることから相手を理解しようとします。すなわち言葉に対する信頼度が非常に高いですが，一方日本においては「話さなくても分かるだろう！」「書いてなくとも分かるだろう！」という習慣があり，言葉に対する信頼度が非常に低いので，この点は気をつける必要があります。敢えて「非常に」を付け加えました。これらのことは異文化に接して初めて実感として理解できますが，そうでない場合はピンときません。

(2) 自分の役割

　英文契約書は，コミュニケーションのための一手段です。すなわちビジネス・コミュニケーションの一環として捉えるべきです。ビジネスは一人でやる，たとえば行商とか屋台などもないわけではないですが，だいたい

において組織で行われます。これは「ビジネス組織」であり,「商業組織」,「企業組織」,「経営組織」とも呼ばれます。ビジネス組織でのコミュニケーションは,「組織内コミュニケーション」,「組織間コミュニケーション」,「環境コミュニケーション」に分類できます。

「組織内コミュニケーション」は,ビジネス組織全体内またはその内部組織としての「部」や「課」という小さな組織内または内部組織間のコミュニケーション,「組織間コミュニケーション」は,ビジネス組織とビジネス組織間のコミュニケーション,「環境コミュニケーション」は,ビジネス組織が顧客および潜在的顧客を対象として行うコミュニケーションであり,広告・企業広報・社会的貢献や寄与が含まれます。なお組織内の内部組織には,生産,技術,研究開発,特許,企画,営業,購買,人事,総務,広報,法務,財務,会計,金融,保険,運輸,通信などがあります。

英文契約書は,企業対企業の「組織間コミュニケーション」であり,企業内では同じ契約書を介しての関係内部組織相互間および各内部組織内構成員同士の一種の「組織内コミュニケーション」にもなります。契約の内容にもよりますが,一つの部署だけが関わることはまれで,幾つかの部署が関わることになります。会社の規模にもよりますが,場合によっては全社的なプロジェクトになります。契約を締結するときは,何回かの交渉を経て,また関係部署の意見を吸い上げるなど内部調整して,社長や担当役員などが代表となり締結します。締結が終わるとコピーが関係部署に配布され,今度は契約の実行について考える必要があります。それぞれの関係部署が何をしなければならないか,説明もあるでしょうが,自分の所属する部署や自分でも考えてみなければなりません。自分の部署に関係あるところのみならず,全体をざっと読んでみましょう。内容は極秘の部分が含まれている場合もあり,自宅に持ち帰ったり,簡単に紛失しないように保管に気をつけます。

a) まずは全体を読んでみて,できれば自分で一度日本語に訳してみます。そうすると自分では分かったつもりのところでも充分理解していないところを発見したりします。2回目は声に出して読んでみましょう。

一般に日本語はあいまいで英語は正確と言われますが,必ずしもそうではありません。実は英語もかなりあいまいなところがあります。たとえば,単語レベルでは,billには「議案」「手形」「お札」「請求書」「ビラ」「明細書」「くちばし」「ビル(人の名)」などの意味があります。文中ではどの

意味で使用されているのか自分で見極めなければなりません。単語レベルだけでなく語句レベル，文章レベルでも然りです。

b）英文契約書本体だけでなく添付書類（annex, appendix, attachment, exhibit, schedule）も含め全体を何回か繰り返して読んでみましょう。そして疑問があれば，箇条書きにして書き出してみます。語句や条文など辞典等により自分で調べられるところは調べて確認します（辞典については後述します）。単語や文章の誤記・誤用などがあれば関係者に伝えます。内容的に自分で分からない疑問は上司に聞いてみるとか関係部署に聞いて解決します。自社が主導で契約書を作成したのであれば，それほど問題ないですが，相手方が主導で作成したのであれば，相手に有利に書き換えられたりします。油断も隙もありません。「性悪説」で臨む必要があります。それがまさしく国際試合です。その場合には契約当事者に伝えましょう。

c）契約発効日・期限も含め実行可能性の点からチェックします。自分の部署が実行しなければならないものとそうでないもの，自分の部署に与えられた権限はどこまでかを確かめた上で，おおよその自分の所属する部署や自分のスケジュールを立ててみましょう。さらに自分の部署内の関係者や他の部署の関係者との連携を確認しておきます。

d）契約書を作成したり，作成された契約書に対して法律に関する箇所を担当するのは法務部，総務部，顧問弁護士などです。彼らは契約書の作成に際しては，落とし穴がないよう，また契約内容遂行に際し，関係者が落とし穴に落ちないように，仮に落ちた場合にはうまく解決できるようにと考えています。いわば法務担当部署や弁護士は，援護射撃をしてくれていますので，法的な面は彼らの意見を充分に聞いておくべきです。なお「分離条項」「紛争および仲裁条項」「裁判管轄条項」などは，契約内容が何事もなく無事終了すれば，関係なくなります。何か問題が起きた場合に生きてきます。

Coffee break（1）：英米法について

　国際的に締結される英文契約書は主として英米法に基づきます。英米法と言ってもイギリスとアメリカを同時に規制する一つの法律はなく，起源を同じくするイギリス法とアメリカ法を総称する言葉です。英米法は，判例を積み重ねてできた判例法（Case Law）という特徴を

もちます。これにも2つの法体系があり，1つは「コモン・ロー（Common Law）」といわれる主たる法体系と，この不十分さを補う形でできた役人制定である「衡平法（Equity）」とがあります。衡平法には，過去の自分の行動に反する行動をしてはならないという estoppel の法則と相手の違法行為を主張する者は自らも潔白合法でなければならないという clean hand の原則があります。近年両者の結晶化が行われ，両者を区別する必要性も薄れてきました。なお英米法に対して大陸法というのがありますが，ヨーロッパ大陸のフランスやドイツを規制する法体系を言います。日本法は，明治時代にフランス法とドイツ法をモデルとしてできたので大陸法系です。大陸法は最初に法律を制定するので制定法（Statutory Law）と呼ばれます。

(3) 辞典の活用：法律辞典，英和辞典，和英辞典，英英辞典

　ビジネス英語や法律英語を正確に理解し，書くことは，よい辞典をうまく活用することと無縁ではないと思います。知っている単語や用語でも時々辞典を引いてみましょう。人間の記憶ほどあいまいなものはないし，確認したりするときには新たな発見があるかもしれません。あまり小さすぎる辞典では用をなさないので，中辞典以上の自分の力より少し上ぐらいのものがよいでしょう。中辞典程度のものは幾つか自分でも所有しておくと便利です。大辞典は高額ですので，自分の部署で買ってもらうか，近くの大きな図書館にでも行ってみましょう。最近の電子辞典には幾つかの辞典が入っているものがあります。なお電子辞典は便利は便利ですが，多用するとスペルなど本来覚えるべきものを覚えないような気もします。ただし「生（なま）」の発音が聞けるものがあり，これは大変貴重です。

　下記に法律辞典，英和辞典，和英辞典，英英辞典の幾つかを紹介しておきます。日本語で分からない場合は，英英辞典を当たってみるべきです。あるいは法律や英文契約書を深く解釈する必要がある場合には，英語辞典の最高権威たる OED や W3 に頼ることになると思います。筆者の手許にあるものや，図書館・書店で見かけるものを挙げてみます。辞典は版が新しくなるほど改善されるので，できるだけ最新版を求めるのがよいでしょう。消える単語もありますが，文明の発達にしたがい，概して世の中の単語も増加の傾向にあります。これにより辞典の版が新しくなるにつれて収

録語数も増加します。下記に示した語数は，執筆時点での最新版のおおよその語数ですが，敢えて版と出版年を省略します。

a）法律辞典

ここでは日本語と英語の辞典4つを掲げておきます。最新版を参照してください。ラテン語などもたいていは網羅していますので役に立ちます。

・田中英夫『英米法辞典』東京大学出版会

　高柳賢三・末延三次『英米法辞典』有斐閣（1952年）に代わる，執筆時点での権威的英米法辞典ですが，著者は1992年に逝去しており，いずれ次の後継の英米法辞典が現れるかもしれません。

・鳳常夫・北沢正啓『英米商事法辞典』商事法務研究会

・Garner, Bryan, *Black's Law Dictionary*, St Paul: West Publishing Company

　原著者のHenry Campbell Blackに代わり後継者のBryan Garnerが後を引継いでいます。定義は旧著よりかなり書き換えられています。数年毎に改訂版を出しています。新しい方がいいでしょう。

・Handler, Jack, *Ballentine's Law Dictionary*, Rochester: The Lawyer's Co-Operative Publishing Company

　これも原著者のJames A. Ballentineから後継者のJack Handlerが後を引継いでいます。これも数年毎に改訂版が出されていますので，新しい方がいいでしょう。

b）英和辞典

英和辞典は，見やすい，使いやすい，冠詞の使い方，名詞の可算（countable）・不可算（uncountable）の表示，連語の使用例，用例が豊富なことなどがポイントです。この条件を満たすのは中辞典以上の辞典です。単語だけで用例などが載っていないのはやめましょう。したがって日頃より中辞典あたりを手許に置いてなじんでおくのがいいです。すなわち自分で使いやすいと思うものを選んで使い慣れるのがいいと思います。電子辞書には正しい発音が聞けるものがあります。これを利用しない手はありません。知っている単語でも一度は聞いてみましょう。発音やアクセントは微妙です。繰り返しになりますが，電子辞典は便利である一方，綴りなどを覚えないきらいがあるかもしれません。一長一短です。筆者の経験では実際に何回も書いてみる，声に出してみることで正確に覚えられ，なかなか忘れません。

<中辞典>

これ以外にもありますので，自分で使いやすいと思うものを選んでください。中には辞典名を変えながら改訂している辞典もあります。

『ジーニアス英和辞典』大修館書店
　　収録語数：95,000 語
『プログレッシブ英和中辞典』小学館
　　収録語数：115,000 語
『新グローバル英和辞典』三省堂
　　収録語数：100,000 語
『新英和中辞典』研究社
　　収録語数：100,000 語
『新英和中辞典』旺文社
　　収録語数：135,000 語

<大辞典>

・『新英和大辞典』研究社

　230,000 語を収録した大辞典です。語彙と用例が豊富です。中辞典で物足りない場合には積極的に利用してみましょう。

・『新編英和活用大辞典』研究社

　これは連語を主体にした極めて有用な辞典です。英文を書く人にとっては必需品です。英語の難しさの一つは，同義語の多さと連語にあります。連語はたとえば，日本語では「将棋をする」「碁をする」より「将棋を指す」「碁を打つ」のほうが正当です。英語でも連語がちゃんと出来ていないと不自然な文章となります。"to place (*or* make) an order" は「注文する」という意味ですが，"to do an order" とは言えません。このように形容詞＋名詞，動詞＋名詞，副詞＋形容詞，前置詞＋名詞などの正しい連語，すなわち正しい語法について解説し，用例を掲げている貴重な辞典です。

<その他>

・『新ビジネス英語大辞典』PCM 出版

　英和辞典に入れましたが，実際は英和辞典と和英辞典から構成されています。法律・経済・金融・会計・税務などから政治・科学・機械・医学・コンピュータなどに至るまでのビジネス用語が網羅されています。

・海野文男・海野和子編『ビジネス技術実用英和大辞典』日外アソシエーツ

　　実務翻訳に携わる著者二人が蓄積してきた英語表現集を辞典にしたものです。

c）和英辞典

　和英辞典も見やすく，使いやすく，用例が豊富なものがよいです。筆者の所有しているものや書店で見かけた中では次のようなものがあります。これに限定しませんので，自分でよいと思うものを選んでみましょう。なお和英で利用する表現は英和辞典や英英辞典でもう一度確かめてみましょう。自分ではよいと思っても実際にはしっくりいっていないことがあります。和英辞典は，一面安易に使える点もありますが，使い方を誤ると鬼門になりかねません。

＜中辞典＞

　これ以外にもありますので，自分で使いやすいと思うものを選んでください。

　『ジーニアス和英辞典』大修館書店
　　収録語数：80,000 語
　『新和英中辞典』研究社
　　収録語数：97,000 語
　『プログレッシブ和英辞典』小学館
　　収録語数：90,000 語
　『コンサイス和英辞典』三省堂
　　収録語数：73,000 語

＜大辞典＞

　・『新和英大辞典』研究社
　　　見出し語 80,000 語，合成語・句 160,000，例文 50,000 を収録した大辞典です。たいていのものは，これで用が足ります。

＜その他＞

　海野文男・海野和子編『ビジネス技術実用和英大辞典』内外アソシエーツ
　　上記『ビジネス技術実用英和大辞典』の和英版です。

d）英英辞典

　英和辞典を見てもピンとこない場合，あるいは難しい単語をやさしい単語に置き換えたい場合などに利用します。用例が載っていますので便利で

す。英米の辞典は，独自性を出すため他社の辞典とは違う定義・説明を書こうとしているので，なかには無理するためか分かりにくい定義・説明もあります。そのときは他の辞典も見てみましょう。英英辞典には，non-native speaker 学習用の辞典と native speaker のための辞典とがあります。初心者用としては，取りあえず non-native speaker 用がお薦めですが，今後のことも考慮して native speaker 用についても掲げておきます。将来はより深い意味を求めて利用する機会がない訳ではありません。英和辞典や和英辞典には比較的なじみがあっても，英英辞典はなじみの薄い人が多いので，利用者のために少し詳しく解説してみましょう。略記号が知られているものはそれも掲げます。できるだけ最新版を参照してください。なお，多くの辞典には CD-ROM 版やオンライン版もあります。

《イギリス英語関係》

<non-native speaker 用>

- *Oxford Advanced Learner's Dictionary of Current English*, Oxford: Oxford University Press ［略記号：OALD］

  収録語数は 80,000 語ですが，語の意味をこのように平易にしかも的確に説明した辞書は他にありません。日本人が最初に手にする英英辞典と言っていいでしょう。名詞の可算（countable）と非可算（uncountable）の別，動詞の用法パターンを明示しています。英語を外国語として学習する者を対象にして作られた最も便利で有益な辞典です。日本の出版社の普及版（『オックスフォード現代英英辞典』）が広く利用されています。

- *LONGMAN Dictionary of Contemporary English*, Harlow: Pearson Education Limited ［略記号：LDOCE］

  これも手ごろで使いやすく日本でも広く利用されています。OALD に対抗する画期的学習辞典です。見出し語数は 55,000 語です。語義説明に使っている単語を，基本語 2000 語と限定していますので，高校生程度の英語の実力があれば，だれでも容易に使えます。時事用語や新しい熟語を採録しているので，特に新聞や雑誌を読む時にも便利です。日本の出版社の普及版（『ロングマン現代英英辞典』）があります。できたら OALD と一緒に手許においておきましょう。

- *Chambers Universal Learners' Dictionary*, Edinburgh: W & R Chambers Ltd. ［略記号：CULD］

これも手ごろな辞典です。完結した文により用例を示し，用法を詳しく例示してあります。ただ文字が小さく読みづらいのが欠点かもしれません。

<native speaker 用>

- *The Oxford English Dictionary*, Oxford: Oxford University Press［略記号：OED］

　収録語数は 600,000 語で，20 巻＋補遺から成り立っています。この辞典は，1858 年に計画が立てられ，1928 年に完成した世界最大の英語辞典であり，英語辞典の権威です。1989 年には第 2 版が出ました。CD-ROM は第 3 版になっています。歴史的に記述することを原則とし（on historical principles），紀元 1000 年頃から後の英語はすべて採録し，各語の発音，綴字，意味の歴史を網羅しています。たいていの大きな図書館に備えられています。なお *The Shorter Oxford English Dictionary*［略記号：SOED］は，OED の簡略版で収録語数は 220,000 語です。

- *The Concise Oxford Dictionary*, Oxford: Oxford University Press［略記号：COD］

　収録語数は 240,000 語で，OED を基にした机上用中型辞典です。初版以来我が国でも親しまれている辞典です。たいていの使用に耐え得ます。同じく OED を基にした机上用小型辞典 *The Pocket Oxford Dictionary*［略記号：POD］は，収録語数が 120,000 語で，さらに縮小した *The Little Oxford Dictionary*［略記号：LOD］は，収録語数が 51,000 語で使いやすいです。

- *Collins Dictionary of the English Language*, London and Glasgow; William Collins Sons & Co.

　収録語数は 162,000 語で，通常の語彙だけでなく，熟語も独立した項目として扱っています。定義の分かりやすさを特色としています。語法上の注意も行き届いています。そのうえ，固有名詞も発音とともに掲げているので，簡略な固有名詞辞典としても有用です。

- *Collins COBUILD English Dictionary*, London: William Collins Sons & Co.

　収録語数は 110,000 語で，単語の語法が具体的かつ詳細に説明してあります。日本の出版社の普及版（『コウビルド英英辞典［改訂新版］』）

があります。
《アメリカ英語関係》
＜native speaker 用＞
- *Webster's Third New International Dictionary*, Springfield, Massachusetts: G. & C. Merriam Company ［略記号：W3］
 だいぶ古くなってしまいましたが，アメリカ英語関係では最大の辞典で一巻本です。収録語数は，460,000語で，アメリカ英語辞典の権威です。原典の著者名を付記した用例を豊富に収録しています。***Webster Ninth New Collegiate Dictionary*** は，これの簡約版です。
- *Random House Dictionary of the English Language*, New York: Random House ［略記号：RHD］
 最新の語彙，特にアメリカ語法を含む1巻本。収録語数は315,000語で，上記W3に次ぐ，アメリカで2番目に大型の辞典です。巻末は各種符号，世界中の大学名一覧，簡単な仏・伊・独辞典，その他の百科知識が網羅されています。この学生版もあります。『小学館ランダムハウス英和辞典』は，この辞典の日本語訳版です。ただの翻訳版ではなく，日本人利用者のために大幅に用例その他の追加がなされています。
- *The American Heritage Dictionary of the English Language*, Boston, New York and London: Houghton Mifflin Co. ［略記号：AHD］
 RHDよりもさらに新しい辞書ですが，事典も多少兼ねています。収録語数は200,000語で，語源の簡単な説明，現代科学の新しい用語，同義語の解説などが特徴。特に見開き両小口に豊富な写真・挿絵を加えてあり便利です。
- *Webster's New World Dictionary*, New York: William Collins
 アメリカの中型机上辞典の代表的なものです。収録語数は163,000語で，俗語や熟語も豊富に記載されています。アメリカ起源の言葉に星印をつけて区別しています。特に，アメリカの地名の語源説明が詳しい。

第2章
英文契約書の種類・類型・構成

(1) 英文契約書の種類

　まず英文契約書を形式から分類してみます。日本では単に「契約書」と言われるものであっても，それに対応する英語には，agreement あり，contract あり，covenant あり，deed ありで，その用語も形式も様々です。まずこれらの内容を把握し，区別することが必要です。

a) memorandum; note「覚書」「備忘録」「協定書」
　　 minutes; minutes of meeting「議事録」
　　 letter of intent「予備的合意」

　これらは，会議や交渉のときの記録です。memorandum は，memorandum of agreement や memorandum of understanding と書かれることがあります。これらはいずれも将来正式な契約書に発展し得る仮契約とも言うべきもので，正式な契約書とは言えません。たとえば，会社の代表者が契約を締結したいものの，自社の取締役会の承認を必要とし，最終的な契約締結の承認がそこで決まる場合，仮締結しておくものです。したがって次のような文章を含む場合には，表題に関係なく事実上「仮契約」です。

・This agreement remains subject to the approval of the board of directors of ABC Co., Inc.
　（本契約は，ABC 株式会社の取締役会の承認を条件とします。）

b) agreement「合意」「取決め」「契約」「協定」
　　 agreement というのは，本来広い意味の「合意」であり，法的強制力（enforceable by law）がないものを含みます。ちなみにアメリカ統一商法

典第2編201条3項（UCC§1-201(3)）では，「合意（agreement）とは，当事者の文言中に示されているか，行為の過程，取引慣行，商談の経過を含むその他の諸状況から推認される事実上当事者の取引を意味し，contractと区別される。」と規定しています。英米法の下では，申込み（offer）に対して承諾（acceptance）があれば，合意（agreement）になりますが，これに次に述べる約因（consideration）が加わって初めて契約（contract）になるのです。agreementとcontractは厳密な意味では，依然として別個の概念と言えますが，今日ではこの両者の言葉の使われ方に実質的に相違がなくなっています。

c) contract「契約」「約定」

アメリカ統一商法典第2編201条12項（UCC§1-201(12)）では，「契約（contract）とは，本法およびそれを補足するその他の適用ある法により決められたように当事者の合意から生じる法的義務の総体を意味し，合意（agreement）とは区別される。」と規定しています。

要するにcontractは，法的強制力がなければなりません。contractがcontractになるためには，約因（consideration）の存在，書面性，合意の明確性の3点から判断されます。

最初のconsiderationは，「約因」と訳され，英米法特有の理論で，英米契約法上契約が有効に成立するためには，捺印証書（deed）によるか，さもなければ原則としてこの約因の存在が必要とされます。

「約因」とは，契約上の債務を対価として供される作為，不作為，法律関係の設定，変更，消滅または約束を言います。やさしく言えば「対価」あるいは「見返り」となります。約因の代表は金銭的対価すなわち金銭による支払ですが，あることをしないでくれ，あることを言わないでくれ，という否定的なものでも約因になり得ます。

英米法では，契約は"give and take"関係でなければならず，"give and give"や"take and take"の関係ではcontractにならないというのが，原則的な考え方です。たとえば，giftは日本では「贈与契約」という契約になり得ますが，英米では，後述の捺印契約（deed）によらなければ，contractになりません。このgiftをcontractにしてしまう便法としては，1,000万円の贈与に対して，被贈与者が1円とか100円の対価を支払うことにすればcontractになり得ます。

「書面性」とは，書面の作成を成立の要件とすることです。ただし，契約

は約因が存在すれば口頭でも成立させ得ます。また口頭だけでなく電子通信手段を媒体にした場合（electronic agents）でも可能です（UCC§2-204）。なお，英米には詐欺防止法（statute of frauds）という法原則があり，一定の条件の場合には，必ず書面化することを要求しています。たとえば，アメリカ統一商法典第2編201条1項（UCC§2-201(1)）では，「5,000ドル以上の売買契約は書面によらなければならない」と規定しています。この場合に後で内容を変更する場合も書面によらなければなりません。

なお日本法が準拠法となった場合は，商法または民法が適用されますが，これらにはいずれも契約書の作成を要件としていません。しかし口頭だけでも契約が成立するといっても，うやむやになってしまう恐れがありますので，書面で契約書を作成するのが一番いいでしょう。

「合意の明確性」（doctrine of vagueness）については，当事者の合意が法的拘束力を持つためには，裁判所がその合意に対して実際的な法的意義を与えることができる程度に充分明確なものでなければなりません。

さらに口頭証拠の法則（parol evidence rule）というのがあり，当事者が契約上の権利義務について完全かつ最終的な合意を書面により示すものとした場合には，その契約書の内容と異なった当事者の交渉，了解，合意が，口頭・書面を問わず，契約書作成以前に存在したとしても，それらを証拠として持出すことは許されないという原則です。通常次のような「完全合意条項」が契約書の中に加えられます。

> Entire Agreement
>   This Agreement constitutes the entire and only agreement between the parties hereto relating to the subject matter of this Agreement and no modification, change or amendment of this Agreement shall be binding upon the parties except by mutual express consent in writing on a subsequent date signed by authorized officer or representative of each of the parties hereto.

［訳例］完全合意

「本契約書は，本契約書の主題に関する当事者間の完全かつ唯一の合意を構成し，本契約書の修正，変更，訂正は，本契約書の当事者の各々の権限のある役員または代表者が後日署名する書面による相互の明示的合意がなければ，両当事者を拘束しない。」

（注）parties hereto＝parties to this Agreement「本契約書の当事者」

d) covenant

（広義）「契約」「約定」「契約条項」「特約」「約款」

（狭義）「捺印契約」「捺印契約証書」

広義では contract とほぼ同じと考えられます。狭義では次に述べる捺印証書（deed）による契約をいいます。ちなみに *Black's Law Dictionary*（9th ed.）では次のような定義があります。広義と狭義両方をカバーしています。

> Covenant
> A formal agreement or promise usually in a contract or deed, to do or not to do particular act.

［訳例］契約／捺印契約

「ある特定の行為をする，またはしないという，通常契約書または捺印証書による正式な合意または約束」

e) deed; specialty「捺印証書」

　　escrow「条件付捺印証書」

これまでのものは，内容的な「契約」というのと，物理的な「契約書」の両方の意味がありますが，これは契約書の一様式です。羊皮または紙の書面上に署名し（sign），捺印し（seal），かつ交付する（deliver）という一定の方式に従って作成された証書をいいます。単に法律行為にとどまらず，特別な要件と効力を有します。ただし，アメリカでは多くの州で特別な要件（捺印証書の原則）を廃止しております（UCC§2-203）。一般には，不動産譲渡のために作成する証書をいいます。

なお escrow というのは，ある条件が成就して証書の内容が実行されるまでの間，第三者が証書を保管しておき，条件が成就したとき第三者から相手に渡されるべき捺印証書です（deed）。めったにお目にかかれませんが，信用状で Escrow L/C というのがあります。バーター取引で代金を第三者の銀行に寄託する方式の信用状です。

f) deed indented; indenture（歯形捺印証書）

dent は歯（tooth; teeth）を意味し，to indent は「歯形をつける」という意味です。歯形捺印証書は，2人以上の当事者間に双務契約がある場合に作成される捺印証書です。かつて1枚の紙面上に当事者と同数の証書を作成して，これを歯形に切断するか，または当事者と同数の証書を別個にして，これらを重ねて一端を歯形に切断するか，いずれかの方法によって作

成されたことからこの名があります。コピーもカーボンもなかった時代における「知恵」と考えられます。現代ではこのようにする必要がなくなったため,歯形捺印証書はめったにお目にかかりません。

> **Coffee break（2）：タンポポ（dandelion）は「ライオンの歯」**
> dandelionはフランス語のdent de lion「タンポポ」から来ています。しかし文字通りには「ライオンの歯」です。dent＝歯,de＝ofで,lionは英仏同形です。フランス語のdentは,発音上英語ではdanとなりました。これはタンポポの葉がライオンの歯に似ているからです。

(2) 英文契約書の類型
英文契約書の類型としては次のようなものがあります。
・物品売買契約（Sales of Goods Agreement）
・販売店契約（Distributorship Agreement）
・販売代理店契約（Sales Agency Agreement）
・技術提携契約（Technical Collaboration Agreement）
・合弁事業契約（Joint Venture Agreement）
・建設工事契約（Construction Agreement）
・サービス契約（Service Agreement）：人材派遣契約・コンサルタント契約など
・M&A契約（Merger and Acquisition Agreement）
・雇用契約（Employment Agreement）
・リース契約（Lease Agreement）
・その他
＊上記agreementは,contractと交換可能（compatible）です。

(3) 英文契約書の構成
英文契約書の構成は,一般に(a)表題,(b)頭書,(c)前文,(d)本体,(e)最終部,となっています。
a) 表題（title）
上記で述べたように,その目的に応じて,"Agreement","Contract"あるいは具体的に"License Agreement","Service Contract","Trust Deed"

などになります。

b）頭書（premises）

この部分は，前文の導入部でもあり，通常次のものから構成されています。

「契約締結日の表示」「契約締結地の表示」「契約当事者の表示」

c）前文（whereas clause etc.）

多くの場合，次の２つから構成されています。省略される場合もあります。

① 説明条項（whereas clause）

契約締結者が，契約締結に至った経緯や当事者の目的とするところを記載します。日本文の契約書に見られませんが，英米の契約書では一般的となっています。WITNESSETH は，動詞 witness「証明する」の三人称単数現在の witnesses を古い形で表し全部大文字にしたものです。Whereas は，平たく言えば，since, because, as, while などに相当します。後述の慣用語と表現の whereas の項も参照してください。この部分を Recital（詳説）や Preamble（前置き）という用語を使って表すことがあります。

② 約因条項（consideration clause）

説明条項のあとの一文中に in consideration of ～（～を約因として）という表現が書かれますが，英米契約法に固有の約因理論に由来するものです。

ここで，a）表題，b）頭書，c）前文の部分例文を下記に掲げます。

LICENSE AGREEMENT

AGREEMENT, made on this ＿＿ day of ＿＿, 20xx, by and between EFG Co., Ltd. (hereinafter called "Licensor"), a corporation organized and existing under the laws of Japan and having its principal office at ＿＿, Tokyo, Japan and JKL Co., Inc. (hereinafter called "Licensee"), a corporation duly organized and existing under the law of the State of Delaware, USA and having its principal office at ＿＿, New York, NY, USA

WITNESSETH:

　WHEREAS Licensor possess certain technology relating to the engine of hybrid car;

　WHEREAS Licensee desires to obtain, and Licensor is willing to grant such license on the terms and conditions hereinafter set forth;

　NOW, THEREFORE, in consideration of the premises, and of their mutual promises, covenants and undertakes, the parties hereto have agreed and do hereby agree as follows:

ｄ）本体（operative part）

　本体には，あらゆる種類の英文契約書にほぼ共通して記載される一般条項と，各種契約書に特有の実質条項とがあります。

① 一般条項

　一般条項の例には，次のようなものがあります。

　・定義条項（Definitions）
　・不可抗力条項（Force Majeure）
　・秘密保持条項（Confidentiality）
　・完全合意条項（Entire Agreement）
　・契約譲渡条項（Assignment）
　・契約終了の効果条項（Effects of Termination）
　・準拠法条項（Governing Law: Applicable Law）
　・裁判管轄条項（Jurisdiction）
　・分離条項（Severability）
　・紛争解決条項（Settlement of Disputes）
　・通知条項（Notice）
　・見出し条項（Heading）
　・契約期間および終了条項（Term and Termination）

② 実質条項

　特殊条項とも呼ばれます。実質条項の例には次のものがあります。

◆売買契約（Sales Agreement）

　・取引資格条項（Capacity）
　・品質条項（Quality）
　・数量条項（Quantity）

・価格条項（Price）
・検査条項（Inspection）
・積出条項（Shipment）
・支払条項（Payment）
・製造物責任条項（Product Liability）
・検査条項（Inspection）
・取引条件条項（Trade Term）
・海上保険条項（Marine Insurance）
・包装と荷印条項（Packing and Marking）
・特許および商標保護条項（Patent and Trademark）
◆販売店契約（Distributorship Agreement）
　・任命条項（Appointment）
　・代理店活動条項（Agent's Activities）
　・製品購入条項（Purchase of Products）
　・競合品条項（Competitive Products）
　・非代理資格条項（No Agency）
　・販売促進条項（Sales Promotion）
　・工業所有権条項（Industrial Property Rights）
　・担保および表示条項（Warranties and Representations）
　・販売代理店契約（Sales Agency Agreement）
　・任命条項（Appointment）
　・注文条項（Orders）
　・販売地域条項（Territory）
　・取扱製品条項（Covering Products）
　・営業報告条項（Sales Report）
　・手数料条項（Commission）
◆技術提携契約（Technical Collaboration Agreement）
　・許諾の範囲条項（Scope of License）
　・開示条項（Disclosure）
　・技術援助条項（Technical Assistance）
　・ロイヤルティの支払条項（Payment of Royalty）
　・返金不可条項（No Refund）
　・開発技術の開示条項（Disclosure of Development）

・部品および原材料の供給条項（Supply of Component Parts and Raw Materials）
  ・許可の取得条項（Obtaining Authorization）
  ・記録および監査条項（Records and Audit）
◆合弁事業契約（Joint Venture Agreement）
  ・新会社設立条項（Establishment）
  ・新会社運営条項（Management）
  ・資金調達条項（Financing）
  ・株の譲渡条項（Transfer of Stocks）
  ・競業禁止条項（No Competition）
◆秘密保持契約（Confidentiality Agreement）
  ・第三者開示および目的外使用の禁止条項（Prohibition for Disclosure and Other Use）
  ・例外条項（Exceptions）
  ・秘密情報の範囲条項（Scope of Confidential Information）
  ・所有権条項（Ownership）
  ・独自開発条項（Independent Developments）
  ・返却条項（Return）

e）最終部

　最終部は，契約書を単純契約書とするか捺印証書にするか，契約当事者が自然人か法人かによって若干差異が生じます。しかしいずれの場合でも，"In Witness Whereof"（上記の証として）で始まる文言が来ます。Whereof＝of which で，which の先行詞は，それまで書かれた文言全部ということになります。この末尾文言に，単純契約書面による場合は署名だけ，捺印証書による場合は，署名と捺印が加わります。次は両方とも法人の場合で，両者の社長が署名する場合の例です。

In Witness Whereof, the parties hereto have executed this Agreement as of the day and year first above written.

EFG Co., Ltd.　　　　　　　　JKL Co., Inc.
　By _____　　By _____
　　Name: Masahiro Fukuyama　　　Name: Richard Anderson
　　Title: President　　　　　　　Title: President

Coffee break（3）：「アングロ・サクソン」本当の意味は？

　日本人が知っているようで良く知らない言葉に「アングロ・サクソン」があります。これは，5世紀頃のゲルマン民族大移動でブリテン島に移動する前に居住していたドイツ北西部の地域名を指します。またこの地域出身のアングル人とサクソン人のことを言います。アングル人（Angle）という名前は彼らが住んでいた地形が釣針の形に似ていたからだと言われています。これと深い関係のある Angeln という地名が，デンマークとの国境に近いフレンスブルク（Flensburg）の南にあります。サクソン（Saxon）は，ドイツ北西部の地域を指します。ドイツ北西部の州 Nieder＝sachsen（ドイツ語）の中にも Sachsen（＝Saxon）という言葉があります。フィンランド語でもドイツのことをサクサ（Saksa）と言います。ブリテン島には土着のケルト人や移住して来たスカンジナヴィア人やその末裔のノルマン人などもいくらか混じってはいるでしょうが，基本的にはイギリス人の祖先は，ドイツ人ということになります。

第3章
英文契約書の基本語句と表現

(1) 英文契約書に関する英語表現

英文契約書に関する英語表現には，次のようなものがあります。

なお以下 contract は，agreement と交換可能（compatible）です。

① 「契約書を作成する」
- to write a contract

  これは締結まで至っていません。

- to execute a contract　　　　名詞形は execution of a contract

  これは契約書に署名・捺印などして作成するという意味です。to execute [éksəkjù:t]は，一般には「履行する」「遂行する」という意味ですが，契約書では特別な意味を持ちます。手許の英英辞典によれば，"to make effectively in law by having it signed, witnessed, sealed and delivered" と説明されています。相手の当事者と契約を交わすほんの一歩手前と考えていいでしょう。

② 「契約を締結する」
- to conclude [close] a contract　　　　名詞形は conclusion of a contract
- to enter into a contract
- to make a contract
- to sign up a contract
- to hold a contract

③ 「（契約書が）発効する」
- to come [go] into effect [force]

- to become effective
- to take effect
  【例文】This agency agreement shall come into effect as of January 1, 20xx.
  (この代理店契約は，20xx 年 1 月 1 日から発効する。)
④ 「(契約書が) 取って代わる」
- to supersede
  【例文】This contract shall supersede all previous contracts and agreements.
  (本契約書は従前のすべての契約および協定に取って代わる。本契約書の発効により従前の契約および協定はすべて無効とする。)
⑤ 「契約を履行する」
- to carry out a contract　　　　名詞形は carrying-out of a contract
- to fulfill a contract　　　　　　名詞形は fulfillment of a contract
- to perform a contract　　　　 名詞形は performance of a contract
⑥ 「契約を終了する」
- to terminate a contract　　　　名詞形は termination of a contract
- to expire a contract　　　　　 名詞形は expiry of a contract

to terminate は,「(契約を) 満了する」意味と「(契約を) 解約する」という意味の両方があります。to expire は,「(契約期間が) 満了する」意味で，途中解除の意味は含まれません。

⑦ 「契約を取り消す／解除する」
- to cancel a contract　　　　　 名詞形は cancellation of a contract
- to break off a contract　　　　名詞形は breaking-off of a contract
- to rescind a contract　　　　　名詞形は rescission of a contract
⑧ 「契約を破る」
- to break a contract　　　　　　名詞形は breach of a contract
- to breach a contract　　　　　 名詞形は breaching of a contract

breach は，通常名詞で使われることが多いですが，動詞でも使われます。

- to violate a contract　　　　　 名詞形は violation of a contract

⑨ 「契約を更新する」
・to renew a contract　　　　　　名詞形は renewal of a contract

(2) shall, may, will, can, must, should などについて
　これらは助動詞ですが，契約書で使用されると特別な意味を持ちます。辞典でもよく調べて確認してみましょう。
① shall
　shall は，古英語では義務を表す動詞として使われていました。この原義を受けて，契約書では「義務」「強制」「将来の約束」を表します。法的強制力（enforceable by law）があるとされます。ほとんど must の概念ですが，通常 must でなく shall が使用されます。日本語に訳すとなると「〜しなければならない」「〜するものとする」「〜する」いずれでも結構ですが，これらを混同しないで統一するのがいいでしょう。否定形は shall not ですが，「〜してはならない」の意味になります。
② may
　これは普通の文章では推量の意味を表し「〜かもしれない」と訳されますが，契約書で使われると，許可または権利の意味で使われ「〜することができる」の意味です。これはほとんど can の概念です。これの否定形は，may not ですが，これは「〜する権利がない」という意味で使用可能です。もっと強い禁止は上記 shall の否定形 shall not が使われます。なお may は to have the right to と書かれる場合がありますが，意味はほぼ同じです。
③ will
　これは一般には「未来」を表しますが，英文契約書の中では強制力が shall と同じとする説と shall ほど強制力がないという説があります。相手方の義務には will が使われ自分側の義務に shall が使われている場合には，どうしてなのか聞いてみましょう。すでに述べた memorandum や letter of intend など「予備的合意」では，内容からして shall より will の方がふさわしい場合があります。なお will は歴史的には「意志」を表す動詞として使われ，今でもその意味が残っています。ちなみに名詞の will には「遺言」の意味があります。
④ can
　これはもちろん「可能」を表します。たとえばある国際学会での会員規則には "Members can..." という表現を見たことがありますが，英文契約書で

見ることは少なく，may を使う方がいいとされています。なお can は古英語では cunnan で「知る」という意味でした。すなわち can と to know は同根です。ドイツ語の können（＝can）にも「知る」という意味があります。正確には「(やり方を) 知っている」つまり「可能」の意味です。

⑤　must

　これは「義務」「要件」を表します。一般には shall が用いられますが，上記の国際学会での規則には，"Members must..." という表現を見たことがあります。筆者がこの規則を見た時，個人的には must でなく shall でもいいかなとも思いました。確かに must を使うと shall より堅苦しくない印象を受けます。国際学会の実動部隊は若い世代ですので，shall でなくmust を使うことが広まっているのかもしれません。

⑥　should

　これは一般的には「道義的責任」を意味し，法的強制力を表しません。この意味では，shall や must より劣ります。すなわち should は，道義的責任を表すにすぎませんので，shall や must の代用になりません。なおshould は，ドイツ語の Schuld（責任，借金）と同根ということです。現在ではスペルがよく似ています。

⑦　and と or

　これは日本語に訳す場合に，使い分けることが重要というだけです。

　and は「および」「ならびに」を使い分けます。A and B, and C and D は，A と B, および C と D がまとまっていて，その 2 つのまとまりが全体としてまとまっている場合には，「A および B, ならびに C および D」と訳します。

　or も同様に「または」「もしくは」を使い分けます。A or B, or C or D は，「A または B, もしくは C または D」と使い分けます。「もしくは」の代わりに「あるいは」でもいいと思います。

⑧　コロン（:）

　コロンと次のセミコロンについては，主として Gary Blake and Robert W. Bly, *The Elements of Business Writing* に基づいて説明します。

　コロンは，たいてい「すなわち」と訳すと収まります。これは次に何かが来ることを示す合図だからです。後に続くものは，説明，リスト，長い引用文などです。

⑨ セミコロン（;）は，次の４つの役割または意味があります。

1番目は，項目や句を区別するためです。次の例では，すべてコンマにすると混同します。

（例）We went to three cities last week: Los Angeles, California; Denver, Colorado; and Chicago, Illinois.

2番目は，1つの文の同類の各要素を集めて，グループを作る役割をします。

（例）We hired three new managers: Mary Heyward, manager of training; Barbara Armstrong, manager of human resources; and Susanna Mackintosh, manager of correspondence.

3番目は，「それでも」の意味です。

（例）Hundreds of tests are conducted to determine product safety; none prevents accidents altogether.（製品の安全性を決めるには何百というテストが行われる。それでも事故を完全には防ぐことはできない。）

4番目は，2つの文章が密接な関係で結ばれているときに，ピリオドの代わりに用いられます。

（例）I will be indeed in Tokyo on May 8; however, I will be unable to attend the meeting.（5月8日に東京にいるのは確かだが，会合には出席できないでしょう。）

⑩ すべて大文字の文章

契約書の条文で，ある段落からすべて大文字だけで書かれている文章があります。それはアメリカ統一商法典第2編312-317条（UCC§§2-312-317）には，物品売買における売主の「担保」（warranty）に関する規定がありますが，これを制限または排除する条項を示し，この部分を規定に従って目立つ（conspicuous）文字で書かれたためです。

(3) 慣用語句と表現

・arbitration「仲裁」

仲裁は，紛争解決方法の一つです。一般に仲裁と裁判は二者択一で，国際取引では，通常仲裁で解決するのが国際慣習です。仲裁とは，裁判所以外の場所で裁判官以外の私人である仲裁人（arbitrator）が行う合法的な私的裁判です。仲裁人は，国際取引に充分な知識や経験を持っている

専門家です。裁判の判決に相当する裁定（award）が出されます。国際条約や二国間仲裁協定に基づき，国家権力が他国で出された裁定の強制執行を行います。裁判では国家権力を超えて強制執行ができません。
- arm's-length「互いに対等の立場に立っての」「独立した主体としての」
  【例文】Transactions between A and B shall be bona fide arm's-length transactions.
  　　　（AとBの間の取引は，善意の対等の立場に立っての取引とする。）
  これ自体は形容詞として使用されます。元々の意味は「手を伸ばした距離にある」ですが，たとえば親子会社間の取引で契約に手加減を加えたりしない，あるいは税金は別々だとはっきりさせる場合に使用されます。at arm's length のように使われることもあります。
- as is「現状のまま」「現物のまま」
  as it is の it が省略されて出来た語句と考えられます。たとえば不動産物件の売買を想定すると理解しやすいです。通常現状のまま引渡されます。
- as per「～のように」
  as は英語，per はラテン語で，一般的な意味では奇妙な組合せです。as per は，要するに "according to"，"as you see in" のような意味です。
- as the case may be「臨機応変に」「場合によっては」「事情に応じて」
  【例文】Extra board meetings shall be held as the case may be.
  　　　（臨時の取締役会が，臨機応変に開催されるものとする。）
- at one's discretion「～の思いどおりに」「～の自由裁量で」
  類似の表現に at one's option「～の随意で」があります。option は元々「選択の自由」という意味です。
- at the cost of「～の費用負担で」
  似た表現には，at the expense of, at the risk of があります。risk は,「危険」ですが「費用」よりは広い意味になります。
- to bear「引き受ける」「負担する」
  【例文】The agents shall bear the cost of transportation for themselves.
  　　　（代理人は，自己の交通費を負担しなければならない。）
  まず to bear には「生む」「耐える」「こうむる」「引き受ける」「身につける」等々たくさんの意味がありますので，どれなのか見極める必要があ

ります。しかし英文契約書で使われる頻度の最も多いのは，「引き受ける」「負担する」でしょう。
・best efforts; best endeavor「最善の努力」
  【例文】The licensee shall devote its best efforts to make, sell and distribute the Products.（ライセンシーは，「製品」の製造，販売，流通させるために最善の努力を尽くさなければならない。）
  他には，every reasonable effort などが使われることがあります。
・commission or omission「作為または不作為」
  まず commission には「命令」「任命」「代理権等の授与」「委員会」「手数料」「犯罪の実行」の意味がありますが，ここでは最後の「犯罪の実行」という意味です。何が犯罪かといいますと，法律上または契約上してはいけないことをすることをいいます。omission は，「不作為」の意味ですが，これは何もしないのではなく，するべきことをしないことです。結局全体で内容的には「してはいけないことを実行すること，あるいは，するべきことをしないこと」という意味です。これは韻を踏んでおり，語呂がよいことです。
・condition precedent「停止条件」「先行条件」
  あることが満たされるまで法律行為の効力の発生を停止する条件です。「本契約書の発効は，当社取締役会の承認を条件とする」という場合の「当社取締役会の承認」です。
・condition subsequent「解除条件」「後行条件」
  あることが派生することにより，すでに生じている法律行為の効力を失わせる条件です。「落第すれば奨学金の給費を中止する」という場合の「落第する」というのが該当します。
・to cooperate「協力する」「協同する」
  分解すると，co-は，together の意味，operate は，「働く」という意味です。結局当事者が，契約書を遵守し，その中の権利義務を果しながら「協同作業をする」という意味です。
・to covenant and agree「保証し，合意する」
  これは同義語の並列ではなく，異義語の並列です。
・to credit「貸方記入する」
  一般的には債務の増加・債権の減少の場合に使われます。具体的には，売上代金・貸付金などの支払を受け取った場合，返品・値引きなどの売

掛金が取消・減少した場合，商品を掛けで買った場合，預り金が発生した場合，銀行などから借入をした場合，銀行にとってお客からの預金への入金・残高の確認の場合に使われます。なお簿記で使用する場合は，相手を基準に考える慣習があり，混乱しやすいので気をつけましょう。

・cumulative「累積的な」
　たとえば貿易取引で使われる回転信用状（revolving L/C）には，更新のときに未使用残額が累積されるものを cumulative revolving L/C といい，累積されないものを non-cumulative revolving L/C といいます。

・to debit「借方記入する」
　一般には債権の増加・債務の減少の場合に使われます。具体的には商品を掛売りした場合，お金を貸付けた場合，銀行にとってお客からの預金の引出しに使われます。なお簿記で使用する場合は，相手を基準に考える慣習があり，混乱しやすいので気をつけましょう。

・to disburse「（お金を）支払う」「分配する」
　【例文】His property has been disbursed by will.
　　　　（彼の財産は，遺言により分配されました。）
　語源的には，dis-が「逆」「反対」を表し，burse は purse「財布」と同根で，結局「財布からお金を出す」という意味です。

・from time to time「時折」「随時」「適宜に」
　また "occasionally", "sometimes", "at intervals" に置き換えることができます。あることが契約期間中にいつ起こるのか決まっているわけではないし，定期的に起きる訳ではないが，何度か継続的に発生する場合に使用します。

・guaranty [gǽrənti]「保証」「保証契約」
　他人の金銭債務不履行，債務不履行または義務違反に対して責任を負うことを約束する契約。このような保証の約束を受けた者が guarantee [gærəntíː]（被保証人），保証義務を負う者が guarantor [gǽrəntɔ̀ːr]（保証人）です。

・here-: hereafter, hereby, herein, hereof, hereto, hereunder, hereunto, herewith
　この場合の here-は，場所を意味するのではなく，this または these の意味です。たとえば hereby は文字通りには，"by this" です。契約書の場合，もっと具体的は，"by this writing" あるいは "by this agreement or

contract" となります。あるいは hereto は文字通りには，"to this" です。契約書の場合，もっと具体的は，"to this writing" あるいは "to this agreement *or* contract" です。

・hereinafter

これも上記の here- の一つですが，特に独立して取り上げます。これは，日本語では「以下」という意味です。単に順番に並べると，文字通りには "after in this" となります。契約書の場合，もっと具体的には，"later in this writing" や "in the following part of this agreement *or* contract" という意味になります。

・if any「どんなものでもあれば」

これは一般的には「（あるかないか分からないが，）もしどんなものでもあれば」という意味です。また物に対して「たとえ，あったにしても」，人に対して「たとえ，いたにしても」というもう一つの意味もあります。

・including, but not limited to…; including, without limitation「～を含むがそれらに限定することなく」　これはいろいろ例を挙げても「それらを含むがそれらに限定することなく」という意味です。

・indemnity [indémnəti]「補償」「損失補償」「損害補填」「賠償金」「免責」

他人が被った，あるいは将来被る損害を補填する義務，または被害・損害を被った本人が補填を求める権利をいいます。Letter of Indemnity は「補償状」です。もう一つの名詞 indemnification もほぼ同じ意味です。動詞 to indemnify [indémnəfài] については Coffee break (10) も参照してください。

・in duplicate「正副2通で」「2通で」

契約書は通常2通作成して，両当事者は同じものを保持します。簡単に "in two copies" とも書けますが，通常 "in duplicate" を使います。他に3通は in triplicate, 4通は in quadruplicate, 5通は in quintuplicate, 6通は in sextuplicate, 7通は in septuplicate, 8通は in octuplicate, 9通は in nonuplicate, 10通は in decuplicate となります。

・in favor of「～のために」「～を受益者として」

【例文】We have established an irrevocable L/C in your favor for the contracted amount.（当社は，貴社を受益者として約定金額分の取消不能信用状を開設したところです。）

一般には「～のために」と訳されます。信用状の場合は，通常「～を受益

者として」と訳されます。しかし信用状の場合でも「〜のために」と訳しても特に間違いではありません。手形・小切手の場合は「〜を受取人として」と訳すべき場合があります。たとえば，the check in favor of Mr. A（A氏を受取人とした小切手）がそうです。

・in lieu of「〜の代わりに」

これは lieu だけラテン語で，全体としては，instead of や in place of と同じです。

・insofar as; in so far as; in as far as「〜の範囲では」

insofar as = to the extent that または to the degree that のことです。法律用語ですから，堅い感じがします。口語では単に"As far as I know, it's the truth."くらいにするところです。

・in witness whereof「上記の証として」

この場合の where- は，場所の意味ではなく which のことです。すなわち whereof = of which で「上記の証しとして」という意味になります。which の先行詞は上に書かれた文章全部です。

・in writing「書面により」「書面で」

単に「書状により」という意味ではありません。

・jointly and severally「連帯して」

jointly は，2人またはそれ以上の数人が一体となって1つの権利または義務を共有または負担する場合を言います。それに対し jointly and severally は，数人の債務者を一体として拘束すると同時に個別的にも共同的にも拘束する場合を言います。その選択により，債務者の1人または数人に対して，個別的または共同的に全額を請求することができます。

・lawsuit; litigation「裁判」

上記 arbitration「仲裁」の項で，国際取引では通常「仲裁」で紛争を解決するのが国際慣習と述べました。裁判官や陪審員が必ずしも企業間取引の事情に明るいとは言えず，また裁判から出された判決（decree; judgment; decision）を他国に及ぼすことができないからです。例外的に裁判が行われることがありますが，それは裁判が行われる国に，原告（plaintiff）も被告（defendant）も充分な資産を有していて，結果がどちらに転んでも事実上強制執行できることが条件です。一般には裁判と仲裁は二者択一ですが，例外的にイギリスでは仲裁の結果を不服として裁

判所に上訴できる制度があります。
- notwithstanding「〜にかかわらず」
 【例文】Notwithstanding the provision of Article 3, ….（第3条の規定にもかかわらず，〜）
 とっつきにくい単語ですが，通常なら in spite of で済ますところです。語源的には not＋withstand（逆らう）＋ing で，もとは分詞構文です。
- on a 〜 basis, on the basis of, based on (upon)「〜をベースにして」「〜条件で」
 【例文】Payment shall be made on an irrevocable L/C basis.（支払は取消不能信用状ベースで行われるものとする。）
- otherwise「別段に」「他の方法で」
 unless＝if not, otherwise＝in another manner, differently
 下記の unless otherwise agreed も参照してください。
- power of attorney「委任状」
- to reserve the right「権利を保留する」
 あることをするのに他のことを放棄するのではないという場合に使われます。後述の without prejudice to も類似の意味です。
- to set forth「規定する」
 これは文語的用法で，日常会話ではまず使われません。むしろ「規定する」の意味では，to provide for, to stipulate, to specify の方が，よく使われるでしょう。
- to set one's hand; subscribe one's hand「署名する」
 これは，to sign の形式張った表現です。hand は「筆跡」という意味です。
- subject to「〜を条件として」「〜に準拠して」「〜に従って」「〜に規定する場合を除き」
 まず sub- は語源的に「下」という意味です。subject は，形容詞としては本来「服従する」「左右される」という意味です。
- there-: thereafter, therefore, therein, thereof, thereto, thereunder, therewith
 この場合の there- は，場所を意味するのではなく，that または those の意味です。たとえば，thereof は "of that" のことです。契約書の場合，もっと具体的に "of that writing" や "of that agreement *or* contract" の意味となります。

- unless otherwise agreed

  これは「別段の合意がなければ」という意味です。他には unless otherwise provided for「他に規定がなければ」や unless otherwise specified「別段の記載がなければ」などの類似の表現があります。
- whereas「〜という次第だから」「〜という事実から見れば」

  これは，"since" "considering that" "because of the fact that" というような意味です。契約書の前文の中に説明条項に見られる複合接続詞です。契約書成立の理由を述べる文章で使われます。
- without commitment「何らの義務を負うことなく」

  commitment は，commission とならんで to commit の名詞形で，「何らかの義務を積極的に負う」という意味です。
- without limiting the generality of the foregoing「上記は一般的なものを挙げたのに過ぎず，これに制限されずに」

  これは，上記の including, but not limited to... とほぼ同じです。
- without prejudice to「〜の権利を犯すことなく」

  上述の to reserve the right とほぼ同じで，あることをするのに他のことを放棄しないという場合に使われます。
- witnesseth「証する」

  これは，witness の三人称現在を表す古英語(OE)で古い形です。この頃の英語の文法は，現代ドイツ語の文法を彷彿させます。現代用法では，witnesses となるところです。英文契約書に古い英語が残っている例です。

(4) 同義語の並列

　英語の歴史を見てみますと，英語とドイツ語の分岐はアングロサクソンがブリテン島で統一王国を築いた9世紀に生じたと考えられ，その後1500年頃までに同じ西ゲルマン語（West German）を起源とする英語，ドイツ語，オランダ語，フリージア語はお互いに袂を分かちました。ブリテン島のケルト語や同じゲルマン語系のスカンジナビア語などは元々自然に入ってきていますが，その後なんといっても先進的文化の言葉としておびただしいほどのフランス語，および直接またはフランス語を通してラテン語，またラテン語を通してギリシャ語が，英語に流入してきました。その他直接または間接的にイタリア語，スペイン語などの諸外国語が入り，英語に

はさまざまな起源の語彙が集積されています。支配・被支配の関係や幾多の異民族との接触により，膨大な諸外国語を吸収していきました。フランスの英語学者ポール・バケ（Paul Bacquet）によれば，フランス語の語彙数は10万語に対し，英語の語彙数は単純語で25万語を超え，これに複合語と派生語10万語を加えると合計35万語だそうです。こうして我々外国人は英語の膨大な語彙数と同義語に悩まされます。しかし諸外国語との摩擦の結果，14世紀頃には動詞の変化の簡素化や単語の性の区別などはなくなり，文法は劇的にやさしくなりました。語順も単純になりました。ただし同義語の多さおよびスペルと発音の不一致が英語の短所またはやっかいさとして残りました。

　契約書にも異起源の同義語が併記されることがあります。Mellinkoffは，早くから同義語の併記は大袈裟になるので止めた方がいいと言っています。1970年頃からアメリカでは平易な英語使用運動（plain English movement）も始まっています。次第に少なくなるだろうとは思いますが，以下に時々使用されることもある同義語の併用例を掲げます（動詞については，toを補ってあります）。

・to acknowledge and confess「認める」「自認する」
・act and deed「行為」
・all and every「すべての」「いっさいの」
・to alter, amend, modify or change「変更する」
・to annul and set aside「無効にする」「取り消す」
・any and all「いっさいの」「すべての」
・to assign and transfer「譲渡する」「移転する」
・to assume and agree「合意する」
・to authorize and empower「権限を与える」「授権する」
・to bind and obligate「拘束する」
・by and between「～により」「～の間で」
・by and under「～により」「～のもとで」
・by and with「～により」
・to cease and come to an end「終了する」
・chargeable or accountable「支払の義務がある」
・to conjecture and surmise「推測する」
・costs and expenses「費用」

- to cover, embrace and include「包含する」
- to deem and consider「推定する」「みなす」
- due and owing「支払われるべき」
- due and payable「支払期限の来た」
- each and all「いっさいの」「すべての」
- each and every「各々の」
- effective and valid「有効である」
- entirely and completely「完全に」「充分に」
- final and conclusive「終局的な」
- to finish and complete「完了する」
- fit and proper「適当な」
- fit and suitable「適当な」
- for and during the term of「～の期間中」
- for and during the period of「～の期間中」
- for and in/on behalf of「～のために」「～の代理で」
- for and in consideration of「～を約因として」
- force and effect「効力」
- fraud and deceit「詐欺」「欺瞞」
- free and unfettered「自由な」
- from and after「～後」
- full and complete「充分な」「完全な」
- full force and effect「充分な効力」
- to furnish and supply「供給する」
- to give and grant「付与する」
- to give, devise, and bequeath「遺贈する」
- goods and chattel「一切の動産」
- to have and hold「保持する」
- to have and obtain「獲得する」
- to heed and care「注意する」「世話をする」
- to hold and care「護る」
- to hold and keep「保持する」
- in lieu, in place, instead and in substitution of「～の代わりに」
- in truth and in fact「実際は」

- to keep and maintain「維持する」
- kind and character「性質」
- kind and nature「性質」
- known and described as「～と呼ばれる」
- last will and testament「遺言（書）」
- laws and acts「法律」
- lot, tract, parcel of land「土地の区画」
- maintenance and upkeep「維持」
- to make and conclude「（契約を）締結する」
- to make and enter into「（契約を）締結する」
- to make and provide for「（契約を）締結する」
- to mean and include「～を意味する」
- to mention and refer to「記載する」
- to modify and change「変更する」
- null and void「無効な」
- of and concerning「～の」「～に関する」
- to order and direct「命じる」「指図する」
- over, above and in addition to「～の上に」
- power and authority「権限」
- to request and demand「要求する」「請求する」
- to request and require「要求する」「請求する」
- to relieve and discharge「解除する」
- to remise, release and quitclaim「放棄する」
- revoked, annulled, and held for naught「取り消された」「無効にされた」
- save and except「～を除いて」
- seize and possess「所有する」「占有する」
- shall and will（単なる助動詞の繰り返し）
- sole and exclusive「唯一の」「排他的な」「独占的な」
- to stand and be in full force「完全な効力をもっている」
- to supersede and displace「～に取って代わる」「～を無効にする」
- terms and conditions「条件」
- true and correct「正しい」
- truth and veracity「真実」

・type and kind「種類」
・under and subject to「〜に従い」
・understood and agreed「合意された」
・void and of no effect/force/value「無効の」
・when and as「〜の時」「〜の場合」
・will and testament「遺言（書）」
・willfully and knowingly「知りながら」「故意に」
・within and under the terms of「〜の条件に従い」
・with regard to and in connection with「〜に関して」
［出典］主として下記に拠る。ただし加筆修正した。

David Mellinkoff, *Legal Writing: Sense & Nonsense*, West Publishing Co., 1982, Appendices.

(5) ラテン語（＋フランス語）

英文契約書には，時としてラテン語や借用フランス語が出てくることがあります。英語でも表現できないことはないでしょうが，慣用となっていること，一種の権威付けの意味もあるでしょう。日本の法律用語でも，たとえば「不可抗力」は中国語ですが，我々も無意識に外国語を使っています。

上記ですでに述べましたが，長期間にわたり膨大な文化に関する言葉，先進国のフランス語およびフランス語経由でラテン語とラテン語経由でギリシャ語が入ってきました。具体的には，学問，芸術，医学，政治，経済，商業，工業，法律，軍事，宗教，学芸，建築，衣服，ファッション，食品，料理，生活などの語彙です。おおざっぱに英語は，ゲルマン語とフランス語から獲得したものとの混合体とも言われます。ある調査では，英語語彙全体のうちゲルマン語系は35％，外来語が65％で，実際は外来語の語彙の方が多い。ただし基本的な動詞，代名詞や前置詞はゲルマン語系が多いので，使用頻度はゲルマン語系の方がすこぶる多いそうです（渡部昇一『英語の歴史』p. 206）。ラテン語はフランス語の元になった言葉です。このように法律用語については，特に長い間書き言葉として君臨してきたラテン語と先進的なフランス語を使う名残があります。

しかし最近の英文契約書では force majeure などごく一部を除いて借用フランス語はあまり見かけませんので，原則として省略します。ラテン語

も頻繁に使われているとは言い難いです。むしろ裁判など法律英語で使用される可能性の方が高いでしょう。ここでは借用フランス語だけ＜F＞と区別し，残りはすべてラテン語です。

- ab initio「初めから」＝from the beginning
  ab は，語源的には of や off と同根です。initio は，initial の語源とも言うべき単語です。全体として「初めから」になります。
- ad damnum「損害について」＝to the damage
  下記の damnum を先に読んでください。
- arguendo「議論の上では」＝for the sake of argument
- bona fide「善意の」「善意で」＝in good faith
  bona は bonus などで分かるように，good の意味で，fide は fidelity の語源であることから分かるように信頼のあるという意味です。用法としては，形容詞的用法と副詞的用法があります。
- cessante ratione legis cessat ipse lex「規則の理由が終了すると規則自体が終了する」＝When the reason for the rule ceases, the rule itself ceases.
- chose＜F＞「物」「品物」＝thing
  chose in action（債権的財産），chose in possession（動産）で使用されます。
- consortium「共同体」＝a combination of several companies, banks etc. working together
  joint venture は，複数の組織が全体の損益を共有するのに対して，consortium は共同で事業を進めるものの複数の組織がそれぞれ自分の担当する部分についてのみ損益の責任を負います。
- cum testamento annexo「遺言の付された」＝with the will annexed
- damnum「損失」「損害」＝damage
- damnum absque injuria「賠償請求の認められない損害」＝damage without injury
- de minis non curat lex「法は些事に関せず」＝The law does not concern itself with trifles.
  裁判所は，裁判という形式を踏んで解決するには値しないような些細な問題は取り上げない，という意味です。
- ejusdem generis「同種類の」＝of the same kind
- et al.「その他の人」＝and others

et は and の意味でフランス語ではそのまま使っています。et al. の al. は，alii で others のことです。al はアラビア語の定冠詞で，アラビア語起源の alcohol, algebra, alibi, alkali などは al で始まります。書物の複数の著者を表すときなど，しばしば最初の人だけ書いて残りの人を et al. とします。例：Anderson, Robert, et al., Past and Future, XYZ Publishing Co., 20xx

- expresso unius est exclusio alterius「一つのことを明記しているのはその他のものの排除を意味する」＝ The expression of one thing is the exclusion of another.
- force majeure [fɔ́ːrs mæʒǻːr] ＜F＞「不可抗力」＝ major force
  force は「力」，majeure は，英語の major に相当し，英語式に書くと major force「（人間には及ばない）大きな力」という意味です。ただし英語式では使われません。acts of God が主として自然災害を念頭においていますが，これは範囲がもっと広いと考えられます。
- inclusio unius est exclusio alterius「あることが入っていることは，他は排除されていることを意味する」＝ The inclusion of one is the exclusion of another.
  これは上記の expresso unis est exclusio alterius と同じ意味です。
- in custodia legis「法理の下に」＝ in custody of law
- in haec verba「このとおりの言葉で」＝ in these words
- in invitum「相手方の同意なく」＝ without consent
- in pari materia「同じ事項についての」＝ on the same topic
- in propria persona「自ら」「代理人によらずに」＝ representing oneself
- in re「〜に関する」＝ in regard to
  しばしば re だけで使われます。
- inter alia「とりわけ」＝ among other things
- ipso facto「事実それ自体によって」＝ by the very fact
- lex fori「法廷地法」＝ law of the forum
  訴訟の繋属している地の法。lex は law や legal の元になった言葉です。
- lex loci「場所の法」＝ law of the place
  一般には lex loci contractus（契約締結地法）を意味すると言われます。loci は，local から類推できるように場所の意味です。
- lex loci actus「行為地法」＝ law of the local act

actusは，actの意味です。懸案の行為を行った場所を管轄する法の意味です。
- lex loci contractus「契約締結地法」＝law of the contract
contractusは，contractの意味です。通常契約書には締結された日付と場所が記入されています。一般には契約を締結した場所を管轄する法を意味します。
- lex loci rei sitae「目的物所在地法」＝law of where the thing is located
対象物が所在する場所を管轄する法のことです。
- L. S.; locus sigilli「署名場所」＝place of the seal
契約書最後の方に当事者が署名する場所を表します。
- memorandum「覚書」「協定書」
もはやラテン語というより既に英語になってしまっています。短縮形のmemoもよく使われます。
- mutatis mutandis「変更すべき点を変更して」「準用して」＝changing what should be changed
- nil「皆無」「ゼロ」＝nothing
英語のnil「無」「皆無の」やnull「ない」「ゼロに等しい」，ドイツ語のnull; Null「ゼロ」などからも推測がつきます。
- non obstante veredicto「評決にもかかわらず」＝not withstanding the verdict
- nunc pro tunc「その時に代えて今」＝now for then
- pari passu「同列に」「優劣なしに」＝with equal step
- per annum「毎年」「一年につき」＝per year
- per capita「頭割りの」「一人当たりの」＝per person
- per curiam（opinion）「裁判所による意見」＝opinion by the court
- per diem「一日につき」「日ぎめで」＝per day, by the day
- prima facie「一応の」＝based on what seems to be at first to be true or real　primaはprimaryの，facieはfaceの起源です。「とりあえず表面的に正しければ」というのが，その意味です。
- pro rata「比例して」＝proportional, proportionally, in proportion to
- pro se「自分自身で」＝representing oneself
- proviso「但書き」＝a condition that must be accepted before an agreement can be made

- qui facit per alium facit per se「本人は代理人の行為に責任を負う」= The principal is liable for the act of agent.

  商取引においては，本人（principal）は，自分の名前と自分の計算・責任・危険で取引を行う人。代理人（agent）は，本人の名前と計算・責任・危険で手数料（commission）をもらって取引する人です。
- respondeat superior「上級者責任」「使用者責任」= Let the superior reply.
- sub judice「審理中」「審問中」= under consideration by a court
- sui generis「無類の」= unique
- sui juris「法律上の能力をもった」「成人に達した」= of his own right
- terminus「末端」「境界」= terminal

  terminus a quo（起点），terminus ad quem（終点）のように使用されます。
- vel non「～か否か」= or not
- vice versa「逆もまた同じ」= The opposite of what you have said is also true.
- vis major「不可抗力」= major power *or* force

  上記の force majeure と同じ意味です。

  major はラテン語と英語で同形です。

  ［出典］主として下記に拠る。ただし加筆修正した。

  David Mellinkoff, ***Legal Writing: Sense & Nonsense***, West Publishing Co., 1982, pp.193-194.

Coffee break（4）：英語の長く恵まれない時代

　英語は，今でこそ世界で一番使われている言語ですが，数百年に亘り恵まれない日陰の時代がありました。

　10世紀頃デンマークやスカンジナビアのバイキングがフランスに渡り，ノルマンディー地方を支配しました。やがてその子孫は母国語のデンマーク語などを捨て，フランス語を話すようになりました。そのような人達はノルマン人と呼ばれました。彼らの中からフランスとイギリスを同時に支配する王様が現れ，これが William 王（1027-87）です。彼は1066年 Hastings の戦いに勝利し，これが Norman Conquest（ノルマン人の征服）と呼ばれます。それ以後イギリスの支配階級はフ

> ランス語，民衆は英語という時代が続きました。1204年に John 王（1167?-1216）がノルマンディー地方を失いましたが，その後も上流階級がフランス語を使う時代が長く続きました。しかしその後徐々に英語が盛り返し始めました。1362年に法廷言語がフランス語から英語となりました。イギリスがフランスと戦った百年戦争（1337-1453年）が勃発すると，フランス語は敵性語とされ，英語に対する国語意識が強まりました。1399年フランス語が苦手で英語を母国語とする Henry 四世（1366-1413）が即位しました。書き言葉として英語が復活したのは1450年頃です。1488年に英語が法律の書き言葉として認められました。1731年自国の法律をそれまでのラテン語から英語で書くことに決定するのは Norman Conquest から665年後のことです。段階的ですので，どこで区切るかによりますが，少なくとも300年，長くてシェイクスピアが生まれる前1550年頃までの約500年に亘りイギリス国内において英語は二流の言葉に甘んじていたと言えます。それにしても北ドイツの一地方の方言が，5世紀頃のゲルマン民族大移動後約1500年を経て国際語になるとは不思議なことです。

(6) 数量の範囲を表す表現

「以上」と「上回る」あるいは「以下」と「未満」は正確に区別しましょう。

① 「～以上」：数字の分が含まれます。
（例）1000個以上
・1000 pieces and [or] more
・1000 pieces and [or] over
・not less than 1000 pieces

② 「～を上回る」：数字の分が含まれません。
（例）1000個を上回る
・more than 1000 pieces
・exceeding 1000 pieces
・over 1000 pieces

③ 「～以下」：数字の分が含まれます。
（例）1000個以下

- 1000 pieces and [or] less
- 1000 pieces and [or] under
- not more than 1000 pieces
- not exceeding 1000 pieces

④ 「〜未満」：数字の分が含まれません。

（例）1000個未満
- less than 1000 pieces
- under 1000 pieces
- below 1000 pieces

(7) 日・期間に関する表現

次は，日・期間を表す用語を使った英文契約書の文例です。

> This Agreement shall be valid and in force for a period of three (3) years commencing from the date hereof first above written and unless either party gives to other party at least six (6) months before the termination of this Agreement a written notice if intention to terminate, this Agreement shall be extended for a further period of three (3) years subject to the validation of the parties concerned.

［訳例］

「本契約書は，頭書に記載された本契約書の日付から3年間有効とする。そしていずれからの当事者が相手の当事者に，本契約書の終了の少なくとも6か月前に終了の意志について書面による通知を送付するのでなければ，本契約書は，関係当事者の法的有効性を条件として，さらに3年延長する。」

このように英文契約書あるいは日常生活において日や期間を英語で表現する場合，それを表す前置詞に続く日が含まれるのは含まれないのかが問題になることがあります。英米においてはこの解釈をめぐり法廷で争われることもあります（後述のCoffee break（5）参照）。

a) 日を表す表現

一定日を表すには，ご存知のように"on"を用います。

（例）The board of directors will be held on October 10.

　　　　（取締役会は，10月10日に開催されます。）
　これに一定の幅をもたせる場合には，"on or about" が用いられます。
　（例）　The goods have been shipped on board the Hakone Maru scheduled to sail from Tokyo on or about April 15.
　　　　（貨物は，4月15日頃東京港出港予定の箱根丸に船積みされました。）

　船の入港や出港は，時として天候や荷役あるいは寄港地（port of call）での事情により変更されることがありますので，このような表現を用いる方が，現実に即しています。

　ちなみにこれまでの信用状統一規則では，この "on or about" は「定められた期日の5日前から同期日の5日後までの期間内」と規定しているのがあります。その場合には，結局その定められた期日を含めて，11日間のうちにということになります。

b）期間に関する表現

① 「～日から」

　ここでは誤解をしないように検討します。次のような表現では始まる日の8月1日は含まれます。

　（例）「この代理店契約は，20xx 年8月1日から効力を発する。」
　・This agency agreement shall be valid after July 31, 20xx.
　・This agency agreement shall be valid from August 1, 20xx inclusive.
　・This agency agreement shall become valid on August 1, 20xx.
　・This agency agreement shall become valid on the day commencing with August 1, 20xx.

② 「～日までに」

　この「～までに」は，時に「～まで」と言われることがありますが，とにかくこれは「期限」を表します。

　（例）「10月20日までにスペシャリストを派遣してください。」
　・Please dispatch your specialists by October 20.

　By については，次に続く日時は含まれるだろうと思われますが，そうでないと解釈される場合もあります。次のような場合には問題ありません。

　・Please dispatch your specialists before October 21.
　・Please dispatch your specialists not later than October 20.

・Please dispatch your specialists no later than October 20.

③ 「～日まで」

これは「期間」を表わします。「～日までに」とは言い換えができません。次のような表現では終日は含まれます。

(例)「この信用状は11月30日まで有効です。」

・This L/C is valid up to [to, till, until] and including November 30.
・This L/C is valid up to [to, till, until] November 30 inclusive.
・This L/C is valid through November 30.

④ 「～日から～日まで」

始期と終期を組み合わせる場合には，from ～ to や from ～ till [until] が用いられますが，両端の日が含まれるかどうか，場合により紛争が起きる場合があります。次のような場合には両端の日がはっきり含まれます。

(例)「3月1日から7月31日まで」

・from March 1 to [till, until] July 31, both inclusive (or both days inclusive)
・from and inclusive of March 1 to and inclusive of July 31
・for the period commencing with [on] March 1 and ending with [on] July 31
・for the period between March 1 and July 31, both inclusive

次は，始期と終期のどちらかが含まれて，残りが含まれない場合です。

・from March 1 (inclusive) to July 31 (exclusive)
・from March 1 (exclusive) to July 31 (inclusive)

次は，始期と終期のどちらもふくまれない場合です。

・from March 1 to July 31, both exclusive (or both days exclusive)

Coffee break（5）：判例研究

　以下に述べる2つの判例は，イギリスで日・期間に関する英語表現について紛争が起き，法廷に持ち込まれたものです。大文字ばかりの最初に書かれたのが原告（plaintiff）で，v.（＝versus）の次が被告（defendant）です。年号は判決の出た年です。

<判例 1>from の解釈をめぐって
THE SOUTH STAFFORDSHIRE TRAMWAYS CO. v. THE SICKNESS AND ACCIDENT ASSURANCE ASSOCIATION, LTD. [1891] Q.B.D.

この判例は，イギリスの Queen's Bench Division（女王座裁判所）において 1891 年 2 月 5 日に判決が出されたものです。おおよその内容は次の通りです。

原告である市電会社の The South Staffordshire Tramways Company, Limited が被告である保険会社の The Sickness and Accident Assurance Association, Limited に 1887 年 11 月 24 日から 12 暦月（for twelve calendar months from 24 November, 1887）という内容で電車に事故保険を掛けていた。ところが翌年の 1888 年 11 月 24 日に電車の 1 つが転覆事故を起こし，40 人が負傷し，833 ポンドの保険金を請求したものである。被告は，1888 年 11 月 24 日は保険期間に含まれていないとして保険金の支払を拒否した。そこで原告はそれを不服として法廷に持ち込んだ。

法廷において問題となったものは，当然ながら内容および状況からして，この日が保険期間に含まれるかどうかということであった。保険証券は，11 月 24 日に満期（due）となり，更新可能（renewable）とあった。事故が起きた時点で更新が行われていなかったが，Bowen 主席判事，Day 判事，Lawrence 判事は，1888 年 11 月 24 日は，保険期間に含まれると判決を下した。

この判例における from について，from の次に続く日（1887 年 11 月 24 日）は含まれないと解釈された。

<判例 2>by の解釈をめぐって：
EASTAUGH AND OTHERS v. MACPHERSON [1954] 1 W.L.R.

この判例は，イギリスのウェストミンスター州裁判所（country court）において 1954 年 10 月 6 日に判決が下された例です。おおよその事件の内容は，以下の通りです。

Dr. MacPherson という人が，ロンドンの Berkeley Square,

Grosvenor Hill 38 というところの家主さんである Eastaugh and others から小さな事務所を借りていた。両者の間には，立ち退かせる場合も立ち退く場合も，3か月の事前通知をするよう取り決めてあった。1953 年 12 年 23 日に家主が 1954 年 3 月 31 日までに（by 31 March, 1954）立ち退くよう賃借人に手紙を出した。家主は by 31 March の意味は，30 日と 31 日の間の真夜中までという意味で立ち退きをせまったのに対し，賃借人（原告）は by 31 March とは 3 月 31 日いっぱいまでという意味であり，賃借契約は 3 月 31 日でもなお有効であると反論，法廷に持ち込んだ。

　裁判官は辞書による解釈を重視しながら，次のように説明している。

　「by は確かに "at the side of"，"near to" の意味があり，これを基準にすれば 3 月 31 日は含まれないという解釈もできよう。しかし by には，場所に使用される場合と時間に使用される場合とがある。上記の解釈は場所に使用される場合の解釈であって，時間に使用される解釈ではない。時間に使用される場合の定義を *Shorter Oxford Dictionary* に求めれば，"on or before"，"not later than"，"within" とある。したがってこの賃貸契約（tenancy）は，3 月 31 日いっぱいまで（up to and including 31 March）続く」と判決を下した。

＊イギリスでは，王が治世しているときは King's Bench Division（王座裁判所）が，女王が治世しているときは Queen's Bench Division（女王座裁判所）が，最高裁判所となります。なお上記 2 つの判例は，Queen's Bench Division Law Reports, London (1886, 1891, 1904) と King's Bench Division Law Reports, London (1912, 1951) および The Weekly Reports, London (1954) を参照しました。

第4章
英文契約書の実例

　それではビジネス契約の比較的やさしいものから順に (1) 売買契約書, (2) 販売店契約書, (3) 販売代理店契約書, そして若干難しいですが, (4) 技術提携契約書, (5) 合弁事業契約書, 最後にビジネス契約ではありませんが, (6) アパート賃貸借契約書を読んでみましょう。

(1) 売買契約書

　売買契約書には長期間にわたる取引内容を包括的に合意しておく基本契約書 (Master Agreement, Sales Agreement) と個別の取引毎に交わす注文書 (Order Sheet) と注文請書 (Acceptance of Order) あるいは売約書 (Sales Note) と買約書 (Purchase Note) があります。ここではとりあえず基本契約書について見てみます。なお基本的契約書は, 一般的取引条件協定書 (Agreement on General Terms and Conditions of Business) と呼ばれることもあります。多くの場合, 売約書や買約書などの裏面にも取引の条件が印刷されています。これは, 通常正副2通 (in duplicate) 作成され送付されますが, 受け取った方は, これを検討して, その内容に異存がなければ副署 (countersign) して, 副本 (duplicate copy) を返送します。もし一部でも取引条件について改変の必要があるときは, 相手側に連絡し, その了承を得て訂正のうえ, 署名して返送します。

　売主でも買主でも最後に送付した契約書の内容が優先するという説があります。これを「最後に発砲した者が勝つ原則」(the last shot doctrine) といいます。こうした場合, いかに自分の都合のよい条件を相手に押しつけるかということになり, これを「書式の争い」(battle of forms) と呼びます。実際には, 次の基本原則によるのがよいとされています (UCC§2-207)。

①主要な取引条件が一致した場合には，契約が成立したとみなす。
②双方の一致していない取引条件は，法律の中立的な規定により補充する。

下記に日本の売主とオーストラリアの買主の間の売買契約書（例）を掲載します。ここでは前文が簡略化されています。以下のような条項について合意がなされています。

表題・前文
＜一般条項＞
　第1条　定義（Definitions）
＜実質条項＞
　第2条　取引資格（Capacity）
　第3条　オファー（Offer）
　第4条　注文（Order）
　第5条　品質（Quality）
　第6条　検査（Inspection）
　第7条　取引条件（Trade Term）
　第8条　価格（Price）
　第9条　数量（Quantity）
　第10条　船積（Shipment）
　第11条　決済（Payment）
　第12条　海上保険（Marine Insurance）
　第13条　特許および商標保護（Patent and Trademark Protection）
　第14条　包装と荷印（Packing and Marking）
＜一般条項＞
　第15条　契約不履行（Events of Default）
　第16条　不可抗力（Force Majeure）
　第17条　クレイム（Claim）
　第18条　紛争解決（Settlement of Disputes）
　第19条　準拠法（Governing Law）
　第20条　分離（Severability）
　第21条　裁判管轄権（Jurisdiction）
　第22条　契約期間（Term of Agreement）
後文・署名

Sales Agreement

It is hereby agreed on the day written below by and between Aoyama Co., Ltd., 2-4 Akasaka, Minato-ku, Tokyo, Japan (hereinafter called Seller) and Koala Pty. Ltd., 5 Pitt Street, Sydney, New South Wales, Australia (hereinafter called Buyer) that all business shall be conducted on the following terms and conditions:

［語句解説］
hereby＝by this (agreement)「本協定書により」
hereinafter「以下」文字通りには after in this ですが，実際には in the rest of this (agreement)の意味です。
conduct「行う」
Pty. Ltd.＝Proprietary, Limited「株式会社」これはオーストラリア式の表現です。

［訳例］
本契約書により，下記に記載された日付において，すべての取引を以下の条件により行うことを，日本国東京都港区赤坂2-4　青山株式会社（以下「売主」と称す）とオーストラリア国ニュー・サウス・ウェルス州シドニー市ピット通り5　コアラ株式会社（以下「買主」と称す）との間で合意する。

Article 1.　Definitions

In this Agreement, unless the context otherwise requires, the following words and expressions means as follows:
"Products" shall mean...

［語句解説］
context「文脈」コミュニケーション学では，「状況」「共通認識」などの意味もあります。
otherwise「別段」「他の方法で」

［訳例］
第1条　定義
　本契約書においては，文脈により別段の意味がない限り，次の語句は

以下の意味を有する。
　　「製品」とは，〜を意味する。

Article 2.　Capacity
　Both parties shall be Principals acting on their own account and responsibility.
［語句解説］
party「当事者」「関係者」他には「パーティー」「政党」などの意味があります。
principal「本人」これは agent（代理人）に対する用語です。principal には，他に形容詞で「主要な」，名詞で「校長」「主役」「元金」などの意味があります。
［訳例］
　第2条　取引資格
　両当事者は，自己の勘定と責任に基づき取引を行う本人とする。

Article 3.　Offers
　All offers will be considered as firm offers subject to the reply being received within five (5) days from and including the date of dispatch.
［語句解説］
consider ... as「…を〜とみなす」
firm offer「確定オファー」「期限付オファー」有効期限を付けたオファーで，この間，内容が凍結されて転売（resale）のための商談ができます。この場合の firm は形容詞で，フランス語の fermer（＝to close）と同語源と考えられます。
subject to「〜を条件として」この subject は形容詞，to は前置詞。他には「〜に服従して」「〜に左右されて」「〜を前提として」「〜を除いて」などと訳せます。
from and including the date of dispatch「発送の日を含めてその日から」本来は，from the date of dispatch and including the date of dispatch となるところを簡略化しました。

［訳例］
第3条　オファー
　すべてのオファーは，返答が発送の日を含めその日から5日以内に受け取られることを条件とする確定オファーとみなす。

Article 4.　Orders
　Unless firm offers are accepted by Buyer, no orders shall be binding upon Seller.

［語句解説］
accept「承諾する」日本語訳の際，オファーに対しては「承諾する」，注文に対しては「引き受ける」，招待や申し出に対しては「受諾する」，物などの受取に対しては「受理する」のように使い分けるのがよいです。また社会や集団が「受け入れる」という意味もあります。
binding「拘束力のある」「義務的な」

［訳例］
第4条　注文
　確定オファーが買主によって承諾されない限り，どの注文も売主を拘束しない。

Article 5.　Quality
　Products sold on samples shall be considered as being about equal to the samples in quality upon arrival at destination.

［語句解説］
be about equal to「ほぼ同じである」見本と全く同じにするのは難しい場合に，このような表現を用います。
upon「〜際し」他には「〜しだい」「〜の結果」「〜してみると」とも言えます。文章にして as soon as 〜と書き直すことができます。on も同様です。

［訳例］
第5条　品質
　見本に基づき販売される製品は，仕向地到着に際し，品質において見本とほぼ同じであるとみなされる。

Article 6.　Inspection

　Unless otherwise instructed by Buyer, export inspection by the Japanese authorities, Manufacturer or Seller shall be considered as final in respect of quality and/or conditions of the contracted products. When Buyer requires special inspection by appointment, Buyer shall inform Seller of the name of such inspector at the time of contract and such inspection fee shall be borne by Buyer.

［語句解説］

unless otherwise instructed「別段の記載がなければ」otherwise＝in another manner

authorities「当局」「官庁」この意味では，通常 the authorities とします。

in respect of「〜に関して」

contracted products「約定品」（やくじょうひん）

by appointment「任命により」

inform ... of「…に〜を連絡する」

borne「負担される」この意味では，born となりません。

［訳例］

第6条　検査

　買主による別段の指図がなければ，日本の当局，メーカーまたは売主による輸出検査が，約定品の品質および／または条件に関し，最終とみなされる。買主が，任命による特別な検査を要求するときは，買主は，契約時にそのような検査人の名前を連絡し，そのような料金は，買主により負担される。

Article 7.　Trade Terms

　Unless otherwise specified, trade terms in this transaction shall be governed and construed by the latest Incoterms.

［語句解説］

trade terms「取引条件」p. 68 参照。

transaction「取引」この単語は本来「相互作用」という意味です。取引はまさしく相互作用です。

govern「準拠させる」「統治する」「左右する」

construe「解釈する」この名詞形は，construction です。

latest「最新の」late の最上級の一つで，もう一つは last です。混同しないよう気をつけましょう。

Incoterms「インコタームズ」これは，International Commercial Terms の略です。国際商業会議所が定める国際解釈基準の一つ。十年に一度位ずつ改訂されています。古いものに準拠しないよう，そのため上記で latest という言葉で修飾してあります。

［訳例］
　第7条　取引条件
　　別段の記載がなければ，本取引における取引条件は，最新のインコタームズに準拠し，解釈される。

Article 8.　Prices
　Unless otherwise provided for, all prices submitted by either Seller or Buyer shall be quoted in Japanese Yen on a CIP Sydney basis.
［語句解説］
provide for「〜を規定する」provide against は「〜を禁止する」となります。

submit「提出する」

quote「見積もる」「値段を出す」他動詞と自動詞があります。

on a 〜 basis「〜建で」a は，しばしば省略されます。on the basis of 〜 と，ほぼ同じ。

CIP「輸送費保険料込渡し」carriage, insurance paid の略で次に仕向地を書きます。仕向地までの輸送費と保険料を前払いして価格に含めます。しかし売主の責任は，約定品を運送人の管理下に引渡す時までです。国際複合運送あるいはコンテナ輸送では，FCA，CPT とならびよく使われます（p. 68 参照）。

［訳例］
　第8条　価格
　　別段の規定がなければ，売主または買主によって提出されるすべての価格は，CIP シドニー建て日本円で見積もられる。

Article 9.　Quantity

　Unless otherwise arranged, minimum quantity acceptable for an order by Buyer shall be 500 units.

［語句解説］

minimum quantity acceptable「最少引受可能数量」一回の注文量が, あまり少ないと手数ばかりかかるので決めておきます。この反対は, maximum quantity acceptable「最大引受可能数量」です。

［訳例］

第9条　数量

　別段の取決めがなければ, 買主による1回の注文の最小引受可能数量は, 500台とする。

Article 10.　Shipment

　Seller shall ship all products sold to Buyer within the period stipulated. Unless expressly agreed upon, the port of shipment shall be at Seller's option. The date of B/L shall be taken as conclusive proof of shipment.

［語句解説］

shipment「船積」「積荷」第12条「海上保険」では,「積荷」の意味で使われています。

ship「船積する」後に port という文字がありますので, このようにしましたが, アメリカでは, あらゆる運送手段に乗せて運送することをいいます。したがって,「積出す」とした方がよい場合があります。

expressly「明示的に」文章ではっきり表現することをいいます。反対は, implicitly または impliedly「黙示的に」です。

at Seller's option「売主の自由選択である」「売主の随意である」

B/L=bill of lading「船荷証券」

take ... as「〜を…とみなす」regard ... as とほぼ同じ。

conclusive proof「確証」prima facie proof（一応の証拠）に対する言葉です。conclusive は「決定的な」「断固たる」「終局的な」の意。動詞は, to conclude です。

［訳例］

第10条　船積

　売主は, 買主に販売された全製品を規定の期間内に船積する。明示的

に合意されていなければ，船積港は，売主の自由選択とする。船荷証券の日付は，船積の確証とみなされる。

Article 11.　Payment

　Unless otherwise specified, an irrevocable letter of credit shall be opened within thirty (30) days after the conclusion of each transaction through a prime bank covering the total amount of the contracted products.

［語句解説］

irrevocable「取消不能な」動詞 to revoke（＝to cancel）から revocable が派生し，その打ち消しとして irrevocable が派生しました。

letter of credit「信用状」単に，L/C とか credit とも書かれます。買主の取引銀行が買主に代わって支払保証した一種の保証状です。ただし銀行は無償ではやってくれません。預金とか担保とかそれなりのものを買主に要求します。

prime bank「一流銀行」同じような prime の使い方には，prime minister（首相），prime rate（プライム・レイト），prime time（ゴールデン・アワー）などがあります。

covering「〜相当分」これは for に置き換えることができます。

［訳例］

第11条　決済

　別段の記載がなければ，取消不能信用状が，約定品の総額相当分，一流銀行を通じ各取引の締結後30日以内に開設される。

Article 12.　Marine Insurance

　All shipments shall be insured subject to ICC (A) for a sum equal to the full invoice amount plus ten (10) percent. All policies shall be made out in the same currency as used in the contract and payable in Sydney.

［語句解説］

insured「付保される」「保険を掛けられる」

ICC (A)＝Institute Cargo Clauses (A)「協会貨物約款（A）条件」略して「約款（A）」ともいいます。旧来の All Risk にほぼ相当します。この Institute は，London Institute of Underwriters（ロンドン保険者協会）のこ

とです。他の基本的付保条件には，ICC (B) と ICC (C) があります。それぞれ旧来の WA，FPA にほぼ相当します。A 条件が一番付保範囲が広く，B，C の順に狭くなります。おおよその目処としては，完成品は ICC (A) 条件，半完成品は ICC (B) 条件，原材料や航空貨物は ICC (C) 条件となります。

policies「証券」この場合は，insurance policy（保険証券）のことです。policy には，他に「方針」「政策」などの意味があります。

made out「発行される」to make out = to issue

currency「通貨」hard currency といえば，国際決済に使われる通貨をいいます。円，ドル，ユーロなどを指します。

payable in Sydney「シドニーを支払地として」-able は通常 can の意味で理解されていますが，must の意味もあります。

［訳例］

第12条　海上保険

　すべての積荷は，総送り状金額に 10 パーセントを加えたに等しい金額相当分，ICC (A) 条件で付保される。すべての証券は，契約で使用されるのと同種の通貨でかつシドニーを支払地として作成される。

Article 13.　Patent and Trademark Protection

　Buyer shall indemnify and hold Seller harmless from any and all claims and liabilities for damages, losses or costs arising out of any patent or trademark infringement.

［語句解説］

indemnify [indémnəfài]「補償する」「補填する」「免責する」これは，すでに発生した，あるいは将来発生する損失・損害の補償，補填を約束することをいいます。これに対して to guarantee [gǽrəntíː] は，「保証する」「保証債務を引き受ける」「請け合う」という意味です。

harmless「害を与えない」「無害な」

damage「損害」「損傷」次の loss と重複しますが，どちらかといえば，物理的なものをいいます。

loss「損失」どちらかといえば，金銭的なものをいいます。

infringement「侵害」語源的には，in（中に）＋ frangere（破る＝ラテン語）

［訳例］
第13条　特許および商標保護
　買主は，一切の特許および商標侵害から生ずる一切の損害賠償請求および損害・損失・費用に対する責任について売主に補償し，かつ損害を与えない状態にしておく。

Article 14.　Packing and Marking
　Seller shall prepare all products for export shipment in accordance with the best commercial practices and standard marine insurance requirements. Seller shall assume full responsibility for any damage sustained due to faulty or inadequate preparation. Seller shall indicate shipping marks on all shipments and same on all packing lists, invoices and other shipping documents, the contract number, gross and net weights and other identification marks or reference numbers as may be required.

［語句解説］
in accordance with「～に従って」in conformity with, in compliance with などとも言えます。
requirements「要件」
assume「負う」「引き受ける」他には，「仮定する」「身につける」「横領する」などの意味もあります。
sustain「被る」
shipping mark「荷印」他に case mark ともいいます。marking は，荷印を付けること。
packing list「梱包明細書」「包装明細書」
invoice「送り状」語源的には，フランス語の envoyer（＝to send）やスペイン語の enviar（＝to send）と同じです。
identification mark「指示マーク」動詞の to identify には，「他と区別する」という意味があります。
reference number「参照番号」
shipping documents「船積書類」通常複数形にします。
gross weight「総重量」風袋（tare）を含めた重量のこと。
net weight「純重量」「正味重量」貨物だけの重量。

［訳例］
第14条　包装と荷印
　売主は，最良の商慣行および標準的な海上保険の要件に従って輸出船積のためすべての製品を用意する。売主は，誤ったまたは不適切な準備のために被った一切の損傷に対し，全責任を負う。売主は，すべての積荷にそしてすべての梱包明細書，送り状およびその他の船積書類に，荷印を，必要に応じて，契約番号，総重量・純重量およびその他の指示マークまたは参照番号を記入する。

Article 15.　Events of Default
　If any of the following events occurs to either party hereto:
　(a) bankruptcy, insolvency, liquidation or dissolution; or
　(b) issuance of an order for attachment or provisional one of its assets or property; or
　(c) appointment of a trustee, receiver, administrator or liquidator over its assets or property; or
　(d) petition for any proceedings under the provisions of any bankruptcy or insolvency law or any other laws for relief of debtors; or
　(e) general assignment by such party hereto for the benefit of creditor; or
　(f) failure to perform any provision of this Agreement including, without limitation, failure to pay any amount when due and payable hereunder or of any other agreements between the parties hereto, and such failure not being cured within thirty (30) days after the date of notice thereof being dispatched by either party to the other party hereto requesting the other party to remedy such failure,

　　then the requesting party may, without prejudice to other rights and remedies available at law,
　(ⅰ) stop any shipments of Products in transit, and/or
　(ⅱ) delay or suspend shipments or delivery of Products, and/or
　(ⅲ) forthwith terminate this Agreement in whole or in part by notice in writing to the party concerned, and/or
　(ⅳ) forthwith demand immediate payment of all sums payable by the

party concerned under this Agreement or any other agreements between both parties, whereupon the same shall become immediately due and payable.

［語句解説］
insolvency「支払不能」「債務超過」
liquidation「清算」
dissolution「解散」
order「命令」
attachment「差押」
trustee「管財人」「保管人」以下3つの用語はほぼ同じ意味です。英語には同義語が多いという一つの例。
receiver「破産管財人」「財産保全管財人」
administrator「遺産管財人」個人の死亡だけでなく法人格の消滅の場合を含むと考えられます。
liquidator「清算人」
petition「申立」
proceedings「訴訟」「訴訟手続」この意味では通常複数形で表します。
debtors「債務者」
including, without limitation「～を含むがそれらに限定されない」
cure「治癒する」
without prejudice to「～の権利を犯すことなく」
remedy「治癒する」「救済する」
in transit「運送中の」
delay「遅らせる」
suspend「停止する」
forthwith「直ちに」
whereupon「その時には」「その結果として」関係副詞で＝upon which, at which, as a consequence of which です。

［訳例］
第15条　契約不履行
　本契約書の当事者のいずれかに以下の事態が生じた場合,
　(a)　破産, 支払不能, 清算または解散のとき,
　(b)　当該資産に対し, 差押または仮差押命令が出されたとき,

(c) 当該資産に関わる管財人，破産管財人，遺産管財人または清算人が任命されたとき，
(d) 破産法または債務者の救済のための法律に基づく一切の訴訟手続きの申立があるとき，
(e) 債権者のために本契約書の当該当事者による包括的譲渡がなされたとき
(f) 本契約書に規定する条項を履行しないとき（これには支払期限の到来した代金の支払われない場合，または本契約書当事者間のその他一切の合意を履行しない場合を含むが，これに限定されない），および一方の当事者が他方の当事者に対して当該不履行の治癒を求める通知書の日付から 30 日以内に治癒されないとき，

治癒を求めている当事者は，自己の保有する法の下のその他の権利および救済の権利を犯されることなく，
(i) 当該製品の積出または引渡を延期または停止することができる。もしくは
(ii) 輸送中の当該製品の輸送を差し止めることができる。もしくは
(iii) 関係当事者に書面による通知により本契約書の全部でも一部でも即座に解除することができる。もしくは
(iv) 本契約書または両当事者間のその他一切の合意に基づき，当該当事者が支払わなければならない代金全額の即座の支払をただちに請求することができる。この時には当該代金全額は，即座に支払期限の到来となる。

Article 16. Force Majeure
Seller shall not be responsible for any delay in shipment due to force majeure, including mobilization, war, riots, civil commotion, insurrection, hostilities, blockade, requisition of vessels, embargo, confiscation, fires, floods, earthquakes, tempests and any other contingencies, which may prevent shipment within the stipulated period.

In such case Seller shall inform Buyer of the delay or failure by teletransmission, and state when Seller expects to be able to effect shipment. Seller shall also furnish Buyer, on being required to do so, with a certificate of the happenings, verified by consul-general of Buyer's country located in Seller's country. In any case Buyer shall have the option of canceling or accepting the delayed portion of the contract. If Buyer does not agree to the extension of shipment, Buyer shall reply within three (3) days after receipt of Seller's teletransmission. Otherwise Seller will understand that the extension was agreed to by Buyer, and Seller shall not concede any claim or allowance for the goods being late.

［語句解説］

force majeure [fɔ́:rs mæʒə́:r]「不可抗力」もともとフランス語で，majeure は英語の major に相当します。これは結局「(人の力が及ばない)大きな力」という意味です。

due to「〜による」「〜を理由とする」

mobilization「動員」これは，戦争などのため政府が人や物を駆り集めることをいいます。

riots「騒乱」

civil commotion「暴動」昔日本で行われた「一揆」もこれで表すことができます。

insurrection「動乱」

hostilities「敵対行為」

blockade「封鎖」戦争などの非常事態のため，港・空港・道路などでの通行や出入りができないように閉ざすことをいいます。

requisition of vessel「船舶の徴用」戦時に商船であっても国家権力で軍事用に転用させることをいいます。

embargo「禁輸」

confiscation「没収」

tempest「暴風雨」

contingencies「偶発事故」

failure「不履行」

teletransmission「電信」電子メール・ファクシミリ・電報などをまとめて一言でいう言葉です。

happenings「偶発事故」「出来事」「事件」

verify「証明する」「実証する」「立証する」

consul-general「総領事」consul は「領事」で外交官の一つ。consulate は「領事館」です。

extension「延期」「延長」

allowance [əláuəns]「値引き」発音に注意してください。アロウアンスではありません。

［訳例］

第16条　不可抗力

　売主は，規定の期間内の船積を妨げるような不可抗力，たとえば，動員，戦争，騒乱，暴動，動乱，敵対行為，封鎖，船舶の徴用，禁輸，没収，火災，洪水，地震，暴風雨およびその他一切の偶発事故による船積遅延には責任を負わない。

　そのような場合，売主は，電信によりその遅延または不履行について，買主に連絡し，いつ売主が船積することができる見込みなのかを表明する。売主は，そうすることが要求され次第，売主の国に所在する買主の国の総領事により証明された，その偶発事故の証明書も買主に提供する。いずれの場合にも，買主が契約の遅れた部分を取り消すのか引き取るかの選択権を持つ。もし買主が船積の延期に合意しない場合には，売主の電信の受取後3日以内に電信により返答する。さもなければ売主は，その延期が買主によって合意されたと理解する。そして売主は，遅れた貨物に対し一切の損害賠償請求も値引も譲歩しない。

Article 17.　Claim

　Any claim by Buyer of whatever nature arising under this Agreement shall be made by teletransmission within thirty (30) days after arrival of the Products at the destination. Full particulars of such claim shall be sent in writing, and forwarded by registered mail to Seller within fifteen (15) days after sending teletransmission. Buyer shall submit with such particulars sworn surveyor's reports when the quality or quantity of Products delivered is in dispute.

［語句解説］

claim「クレイム」「損害賠償請求」当然の権利としての損害賠償請求です。

whatever「どの［いかなる］〜でも」= of any kind

nature「性質」「特質」

particulars「明細」通常複数形。

in writing「書面により」書状によりという意味ではありません。
forward「送付する」send と同じ。
registered mail「書留郵便」
sworn surveyor「宣誓鑑定人」sworn の原形は，to swear（誓う）
in dispute「係争中」「論争中」under dispute ともいいます。
［訳例］
第17条　クレイム
　どのような性質であれ，本契約書に基づく買主による一切のクレイムは，製品の仕向地到着後30日以内に，電信によりなされる。そのようなクレイムの全明細が書面により送付され，電信送付後15日以内に，売主に書留郵便で送付される。引渡された製品の品質あるいは数量が係争中となっている場合には，買主は，そのような明細とともに，宣誓鑑定人の報告書も提出する。

Article 18.　Settlement of Disputes
　All disputes which may arise in connection with this agreement and its interpretation shall be settled in an amicable way between both parties. If the dispute cannot be settled in friendly way, it shall be finally settled by arbitration to be held in Japan in conformity with the Commercial Arbitration Rules of the Japan Commercial Arbitration Association. The award rendered by arbitration shall be final and binding upon the parties hereto.
［語句解説］
arbitration「仲裁」裁判所以外の場所で裁判官以外の私人が行う，制度としての合法的私的裁判をいいます。仲裁には，商事仲裁と海事仲裁があります。
in connection with「～に関連して」
disputes「紛争」
in an amicable way「友好的な方法で」＝in friendly way
settled「解決される」
in conformity with「～に従い」
the Japan Commercial Arbitration Association「国際商事仲裁協会」英語では，日本の窓口という意味で"Japan"を，日本国内に対しては海外の

窓口という意味で「国際」という用語を使っていいます。

award「裁定」仲裁によってだされた決定をいいます。裁判の決定は，decree, finding, decision（判決），陪審による決定を verdict（評決）といいます。

render「言い渡す」「伝える」

hereto = to this (agreement)「本契約書に（対する）」

［訳例］

第18条　紛争解決

　本契約書およびその解釈に関連して生ずるかもしれないすべての紛争は，両当事者間で友好的な方法で解決される。もしその紛争が友好的な方法で解決されないときは，国際商事仲裁協会の商事仲裁規則に従い，日本で行われる仲裁により最終的に解決される。仲裁によって言い渡された裁定は，最終的なものであり，本契約書の両当事者を拘束する。

Article 19.　Governing Law

　The formation, validity, construction, and performance of this agreement shall be governed by the laws of Japan.

［語句解説］

construction「解釈」この動詞は，to construe であり，to construct ではありません。

［訳例］

第19条　準拠法

　本契約書の成立・効力・解釈・履行は，日本法に準拠する。

Article 20.　Severability

　If any provision of this Agreement is held unlawful or invalid by court or administrative decision, it shall be deemed severable, and such unlawfulness or invalidity shall not in any way affect any other provisions of this Agreement which can be given effect without the unlawful or invalid provisions.

［語句解説］

held「判決される」

unlawful「違法」「不法の」

invalid「無効の」＝ in＋valid
not in any way＝ in no way「決して〜でない」
［訳例］
第20条　分離
　本契約書のいずれかの規定が，裁判所または行政部門の決定によって違法または無効と判決されても，それは別個とみなされ，非合法または無効の規定を除けば有効であることができる，本契約書のその他一切の規定になんら影響を与えない。

Article 21.　Jurisdiction
　The parties hereto agree that any action or proceedings hereunder shall be brought exclusively in the Tokyo District of Japan.
［語句解説］
action「訴訟（権）」lawsuit; litigation とほぼ同じです。これも英語には同義語が多いという例です。
proceedings「訴訟」「訴訟手続」
［訳例］
第21条　裁判管轄権
　本契約書の当事者は，本契約書から生ずるすべての訴訟について専ら日本の東京地方裁判所に提起する。

Article 22.　Term of Agreement
　This Agreement shall come into force on the date first above written and unless sooner terminated in accordance with the relevant provisions of this Agreement, shall continue in effect for a period of five (5) years from such date, and thereafter shall be automatically extended for successive periods of one (1) year each, unless either party shall have otherwise notified to the other party in writing at least six (6) months prior to the expiry of this Agreement or any extension thereof.
［語句解説］
sooner「予定より早く」何らかの理由で途中解除する場合を意味している。
successive「それに続く」引き続いての意味。

[訳例]
第22条　契約期間
　本契約書は，本契約の日付から有効とし，本契約書の関係規定により途中解除されない限り，5年間有効とする。その後いずれか一方から相手方に対して，本契約またはその延長契約の期間終了の6ヶ月前までに契約を更新しない旨を書面で通知しない限り，自動的にそれに続く1年ずつ延長される。

　In witness whereof Aoyama Co., Ltd. have hereto set their hand in duplicate on the Tenth Day of August, Twenty Hundred and ～ in Tokyo, Japan and Koala Pty. Ltd. have hereto set their hand in duplicate on the Twentieth Day of August, Twenty Hundred and ～ in Tokyo, Japan.
　This Agreement shall be valid on and from the First Day of September, Twenty Hundred and ～, and none of the articles in this Agreement shall be changed or modified unless by mutual consent.

[語句解説]
in witness whereof「上記の証として」whereof＝of which で which の先行詞は，上記の契約内容全部となります。
hereto ＝ to this (agreement)「本契約書に対して」
set one's hand ＝ to sign「署名する」
in duplicate「(正副) 2通」3通は，in triplicate といいます。もしどうしても思い出せない場合は，それぞれ in two copies, in three copies とも言えます。
modify「修正する」

[訳例] 上記の証として，青山株式会社は，日本国東京において，20xx年8月10日に本契約書2通に署名した。そしてコアラ株式会社は，オーストラリア国シドニーにおいて20xx年8月20日に本契約書2通に署名した。本契約書は，20xx年9月1日から発効する。そして本契約書の条文のどれも，相互の合意がなければ修正も変更もしてはならない。

＊本契約書は実際の契約書を加筆修正したものです。一部巻末記載の参考文献を参照しました。

Coffee break（6）：インコタームズと取引条件
　インコタームズは国際商業会議所（International Chamber of Commerce; ICC）が1936年に最初に制定した取引条件で，契約当事者が同意した場合のみ，当事者に適用される任意規則です。その後国際経済情勢の変化に応じて改訂・追加が行われてきました。2000年制定の各条件は次のとおりです。この後は書類の電子化などの改訂・追加が行われています。
E類型：売主が自社の構内において物品を売主に引き渡す条件
　・Ex Works：工場渡し［ICCコード：EXW］（複）
F類型：売主が，買主の手配した運送人に物品を引渡す条件
　・Free Carrier：運送人渡し［FCA］（複，空，鉄）
　・Free Alongside Ship：船側渡し［FAS］（海）
　・Free on Board：本船渡し［FOB］（海）
C類型：売主が運送契約を締結した運送人に物品を引渡すが，積込後
　　　　の危険や追加費用は買主負担となる条件
　・Cost and Freight：運賃込渡し［CFR］（海）
　注：実際には伝統的なC&Fが使われることが多い。
　・Cost, Insurance and Freight：運賃保険料込渡し［CIF］（海）
　・Carriage Paid To：運送費込渡し［CPT］（複）
　・Carriage and Insurance Paid to：輸送費保険料込渡し［CIP］（複）
D類型：売主が，買主の指定する仕向地で買主に物品を引渡す条件
　・Delivered at Frontier：国境渡し［DAF］（複）
　・Delivered Ex Ship：着船渡し［DES］（海）
　・Delivered Ex Quay (duty paid)：埠頭渡し［DEQ］（海）
　・Delivered Duty Unpaid：持込渡し（関税未払）［DDU］（複）
　・Delivered Duty Paid：持込渡し（関税済）［DDP］（複）
　注：複は複合運送を含むいかなる運送手段にも適。空は航空運送に適。鉄は鉄道運送に適。海は海上および内陸水路運送に適。
　　　なお上記条件はヨーロッパ大陸を中心として考えられており，また実務経験のない大学教授などが中心となり制定していることがあり，日本の実務家には若干違和感を感じることもあります。

<運送形態による分類>
・複合運送を含むいかなる運送手段にも適する条件：
　EXW, FCA, CPT, CIP, DAF, DDU, DDP
・航空運送に適する条件：FCA
・鉄道運送に適する条件：FCA
・海上および内陸水路運送に適する条件：
　FAS, FOB, CFR(C&F), CIF, DES, DEQ

注：コンテナ輸送にはFCA, CPT, CIPなどが使われるべきです。現在の日本では、本来在来船輸送に使われるべきFOB, C&F(＝CFR), CIFがまだまだ使われることが多いと見られます。所有権移転時点や危険負担・費用負担の売主と買主の分界点などが若干ずれています。コンテナヤードへの搬入時点と船積時点の差です。わずかな差ですが、一応頭にいれておきましょう。

取引形態などと取引条件

取引形態	取扱商品	運送形態	取引条件
一対一の取引	比較的少量で比較的高価な工業品など： 機械・雑貨・食料品・電化製品・繊維製品・金属製品・鉄鋼製品・その他	主に定期船 (個品運送)	海上運送： FOB, C&F, CIF
		国際複合運送： sea／air, 陸海など	FCA, CPT, CIP
	貴重品・高価品・急を要する貨物	航空運送	FCA
	散荷の大量貨物： 穀物・飼料・砂糖・鉄非鉄鉱石・石炭・木材・肥料・原油・石油製品・LPG・LNGなど	不定期船： 自社船, 用船, 盟外船	買主船腹手配： FOB, 売主船腹手配： C&F, CIF
連鎖取引	投機的商品： 原油・ココア原料・穀物・飼料・油脂・砂糖など	不定期船： 用船など (定期船も可)	CIF

出典：大崎正瑠『詳説 船荷証券研究』白桃書房（2003年）p.141-145を整理して図表化しました。

(2) 販売店契約書

　販売店契約書は，売買契約書の一種と言えますが，それなりの違いがあります。ざっくばらんに言えば，売買契約書は，どんな商品でも，またたいていの相手と締結できるような汎用性があります。雑貨品ならまず前節で述べたような売買契約書ですが，たとえばそれなりにブランドのある商品が対象ならそう簡単にはいかないでしょう。この場合は販売店契約書か次節で言及する販売代理店契約書になると思います。当然契約条項が変わります。

　販売店契約書（distributorship agreement）は，売主による「販売店の任命」に重点が置かれ，これには販売店（distributor）と販売代理店（selling agent）を明確に区別すること，そして販売地域（territory）の制限とか独占性（exclusiveness）の有無などを決めることが加わります。

　さらに下記に示された「競合製品の制限」「担保と表示」「譲渡」に加え，「在庫・補修サービス」「販売促進」などの条項が追加されることもあり，契約内容はより本格的あるいはより具体的な感じがします。取扱商品もそれ相応の商品であることが多いと思います。

　ともかく販売店（distributor）と販売代理店（selling agent）とは，区別されなければなりません。販売店は，本人（principal）であって自己の名前と自己の危険・計算・責任で取引を行います。販売代理店（selling agent）は，次節で言及しますが，本人（principal）の委託を受け，本人の名前と本人の危険・計算・責任で，本人から手数料（commission）を受け取り，取引をする人を言います。販売店に独占的な権利を与える場合は，一手販売店（exclusive distributor）または総販売店（sole distributor）といいます。この場合は，どこの販売地域でもいいということはできませんので，通常は一定の販売地域（territory）を定めます。日本の場合はまとめやすいですが，大陸系の国たとえばアメリカの場合は分割して西海岸・中西部・東海岸・南部などと細かく分けることもあります。

　下記にカナダの売主と日本の買主との間の販売店契約書（例）を掲げます。日本の買主がカナダの売主から販売店の任命を受け，日本で販売活動をする内容です。

表題・前文
<一般条項>
　第1条　定義（Definitions）
<実質条項>
　第2条　任命（Appointment）
　第3条　購入（Purchase of Products）
　第4条　競合製品（Competitive Products）
　第5条　非代理資格（No Agency）
　第6条　販売促進（Sales Promotion）
　第7条　工業所有権（Industrial Property Rights）
　第8条　担保と表示（Warranties and Representations）
　第9条　破産（Bankruptcy）
　第10条　譲渡（Assignment）
　第11条　追加と変更（Addition and Change）
<一般条項>
　第12条　契約期間と終了（Term and Termination）
後文・署名

なおその他の一般条項には「契約不履行」「不可抗力」「準拠法」「分離条項」「裁判管轄権」などがありますが，これらについては，(1)売買契約書，(3)販売代理店契約書，(4)技術提携契約書，(5)合弁事業契約書の類似の条項を参照してください。

Coffee break（7）:「検疫」Quarantine [kwɔ́(:)rəntìːn]
　海外旅行に行くと到着前に機上で健康調査の用紙が配布されて，到着前にどこにいたか，熱があるか，下痢をしていないかなどについて回答しなければならない時があります。旅客や貨物などを検査し，必要があれば隔離・消毒などの措置を取ることをいいます。人間だけでなく動植物も対象です。これには広く「検疫（所）」「検疫期間」「検疫する」の意味があります。この用語は，イタリア語のquaranta「40」の派生語quarantina「約40」から来ています。検疫停船期間が元は40日間だったところから由来しています。発音に気をつけてください。

Distributorship Agreement

This Agreement has been made on this tenth day of September, 20--, by and between Capilano Corporation having its main office in Broad Street, Vancouver, Canada (hereinafter called as "Capilano"), and Hokuto Corporation having its main office in Naka-ku, Yokohama, Kanagawa, Japan (hereinafter called as "Hokuto").

RECITALS

Both Capilano and Hokuto desire to promote the sale and use of Capilano's products.

NOW IT IS HEREBY AGREED as follows:

［語句解説］
　corporation「法人」ラテン語 corpus（からだ）から生じました。同根の英語には corps（軍隊）や corpse（死体）があります。
　hereinafter「以下」＝after in this，実際には in the rest of this (agreement) の意味です。
　RECITALS「詳説」「事実の説明」比較的新しい表現です。PREAMBLE「前置き」も同様です。特に訳さなくともよいでしょう。
　promote「販売促進する」その他に「昇進［昇格］させる」「助長する」
［訳例］
　カナダ国バンクバー市ブロード通りに本社のあるキャピラーノ株式会社（以下「キャピラーノ」と称す）と日本国神奈川県横浜市中区に本社のある北斗株式会社（以下「北斗」と称す）により両社の間で20—年9月10日に締結された本契約書は，以下のことを証する。
　キャピラーノと北斗の両社はキャピラーノ製品の販売と使用を促進したいと欲する。
　本契約書によって以下のよう合意する。

Article 1.　Definition

When used in this Agreement, each word below has the following meaning:

(a) "Products" shall mean Capilano's products as listed in the attached Schedule. Capilano may add products to or subtract products from the said Schedule by thirty (30) days' written notice to Hokuto.

(b) "Territory" shall mean the territory of Japan including Hokkaido, Honshu, Shikoku, Kyushu and the Okinawa islands.

［語句解説］

attached「添付された」attached sheet は「別紙」という意味です。

Schedule「別表」「一覧表」「添付書類」他には annex, appendix, attachment, exhibit も使われます。

add ... to「〜に対して...を追加する」

subtract ... from「〜から...を削除する」「取り去る」

［訳例］

第1条　定義

本契約書で使用されるときは，下記の各用語は以下の意味を有する。

(a)「製品」とは，別表に記載されたキャピラーノ製品を意味する。キャピラーノは，北斗に対して30日の書面による事前通知により当該別表に製品を追加したり，削除することができる。

(b)「販売地域」とは，北海道，本州，四国，九州および沖縄諸島を含む日本領土を意味する。

Article 2.　Appointment

Capilano hereby appoints Hokuto as a distributor of the Products in Japan and Hokuto hereby accepts the appointment and agrees so to act. Should Capilano determine that Hokuto is not adequately meeting its obligations and responsibilities under this Agreement, Capilano may terminate this Agreement by giving Hokuto ninety (90) days' advance written notice of termination.

［語句解説］

appoint ... as「...を〜に任命する」職名に使う場合には，as を付けません。

distributor「販売店」distributorship は販売店の資格・地位を意味し，distributor — distributorship の関係は，agent — agency と同じです。
hereby = by this (agreement)「本契約書によって」
Should Capilano determine …「(万一) キャピラーノが決定したときは」これは If Capilano should determine …のことです。
terminate「(契約を) 終了する」
meet「応じる」「満たす」
［訳例］
第2条　任命
　キャピラーノは，本契約書によって北斗を日本におけるキャピラーノ製品の販売店に任命し，北斗は，それにより任命を受諾し，そのように行動することに合意する。もし北斗が本契約書に基づくその義務と責任に適切に応じていないとキャピラーノが決定したときは，キャピラーノは，北斗に書面による90日事前終了通知を送付することにより，本契約書を終了することができる。

Article 3.　Purchase of Products
　Hokuto shall purchase from Capilano, on such terms and conditions of sale as may be agreed in writing between both parties, the Products for resale and distribution in the Territory agreed between both parties only. Unless Capilano designates otherwise in writing, all orders of Hokuto for the Products shall be placed with Capilano and payment therefor made in accordance with Capilano's written instructions.
［語句解説］
resale「再販」「再販売」「転売」「また売り」
distribution「流通」「販売網」
territory「販売地域」一般には「なわばり」「領域」などの意味です。
designate「指定する」「任命する」「指名する」
placed「(注文が) される」to place an order for … with「〜に…の注文をする」この文は受動態で，order が主語になっています。
therefor「それに対する」= for those (products)
in accordance with「〜に従って」
instructions「指図」この意味では，複数形を使います。単数形の

instruction は,「教えること」「教授」(professor の意味ではなく,「生け花教授」のように)
　［訳例］
　第3条　製品の購入
　　北斗は,書面によりキャピラーノと北斗の間で合意するような売買条件で,両当事者間で合意された販売地域においてのみ再販と流通のためにキャピラーノ製品をキャピラーノから購入する。キャピラーノが別段書面により指定しなければ,キャピラーノ製品に対する北斗のすべての注文は,キャピラーノになされ,その支払はキャピラーノの書面による指示に従ってなされる。

Article 4. Competitive Products

Hokuto shall not, without having first obtained Capilano's written consent, engage in the promotion or sale of any products which are competitive with any products sold or offered for sale in commerce by Capilano whether released for sale to Hokuto or not.

　［語句解説］
in commerce「業界において」密売とか悪いことしたのではなく正規のルートでという意味が含まれています。特に訳さなくてもよいかもしれません。
　［訳例］
　第4条　競合品
　　北斗は,最初にキャピラーノの書面による同意を得てからでないと,北斗に発売されたものか否かを問わず,キャピラーノにより業界で販売されたか販売のためにオファーされた一切の製品と競合するいかなる製品の販売促進にも販売にも従事してはならない。

Article 5. No Agency

Hokuto shall sell and distribute the Products on its own behalf and not as Capilano's agent, nor shall Hokuto act or purport to act as an agent of, nor pledge or attempt to pledge the credit of Capilano, any parent, associated, or subsidiary companies of Capilano, or of any company having a direct or indirect equity interest in Capilano.

［語句解説］
　on its own behalf「～自己のために」一般的な表現は，on behalf of（～のために）です。
　purport「～と主張する」「～と表明する」
　pledge「抵当にいれる」「質にいれる」to mortgage とほぼ同じ。
　parent company「親会社」
　associated companies「関連会社」affiliated companies とも言います。
　subsidiary company「子会社」subsidiary だけでも子会社の意味があります。
　equity interest「出資利害関係」この場合の equity [ékwəti] は，「出資」「資本」，interest は，「利害関係」「所有権」「株」などの意味です。
［訳例］
　第5条　非代理資格
　　北斗は，キャピラーノ製品をキャピラーノの代理店としてではなく，自己のために販売し流通させる。北斗は，キャピラーノの代理店として行動もしないし代理店として行動することを主張しようともしないし，キャピラーノ，あるいはキャピラーノの親会社，関連会社，子会社，あるいはキャピラーノに直接間接の出資利害関係をもつ一切の会社の債権を抵当にしないし，抵当にしようとしてはならない。

Article 6.　Sales Promotion
　Capilano shall assist Hokuto in promoting the sale of the Products by keeping Hokuto supplied with reasonable amounts of sales literature, specifications, printed technical information, samples, and other selling aids. In turn, Hokuto shall exercise its best efforts to promote the sale of the Products in the Territory.

［語句解説］
　assist … in「…が～するのを助ける」
　keep … supplied with「…に～を供与し続ける」keep … informed といえば，…に情報を与え続けるという意味です。
　sales literature「販売用冊子」
　specifications「仕様書」通常複数形です。sale by specification（仕様書売買）の場合だけは，単数を使います。

aids「補助物」「補助者」「援助」
in turn「その代わり」「それと引換えに」「引続いて」
exercise「遂行する」「果たす」この部分は，devote its best efforts ともいいます。

［訳例］

第6条　販売促進

　キャピラーノは，相当量の販売用冊子，仕様書，印刷された技術情報，見本およびその他の販売用補助物を北斗に供与し続けることによって，北斗がキャピラーノ製品の販売を促進するのを援助する。その代わり，北斗は，販売地域においてキャピラーノ製品の販売を促進するよう最善の努力を遂行する。

Article 7.　Industrial Property Rights

　Hokuto shall acknowledge that any and all the trademarks, copyrights, patents and other industrial property rights including production methods unpatented, used or embodied in or in connection with the Products remain to be sole properties of Capilano, and shall in no way question or dispute them.

［語句解説］

unpatented「未特許の」特許として登録していない，という意味です。
embodied「包含された」「具体化された」
in no way「決して～しない」強い否定を表します。

［訳例］

第7条　工業所有権

　北斗は次のことを認める。すなわち一切のおよびすべての商標，著作権，特許，および本製品の中に，または関連して，使用されているか包含されている未特許の製造方法を含む，その他の工業所有権はキャピラーノだけの財産である。またこれらについて北斗は決して異論を唱えたり争わない。

Article 8.　Warranties and Representations

　Hokuto shall make no false or misleading representations with respect to Capilano or the Products. Hokuto shall make no express or implied written or unwritten warranties to customers or prospective customers or to any industry or portion thereof, with respect to the Products without Capilano's express written consent obtained in advance. Hokuto shall indemnify Capilano against any and all liability and hold Capilano harmless from all damages arising out of or resulting from Hokuto's breach of its obligations under this Article 8.

［語句解説］

warranties「担保」他には「保証責任」「保証」「確約」とも言われています。内容については「イギリス物品売買法（1979）」の項（p. 84）を参照してください。ここではキャピラーノの書面による同意なく，勝手に北斗が顧客に対し当該製品の担保をしてはならないとするものです。

representations「表示」「事実表明」一定の事実を表明することです。

express「明示的」言葉ではっきり表すことです。

implied「黙示的」言葉で言い表わさないで，いわば「暗黙のうちに」という意味です。

prospective customer「見込み客」他には likely customer, potential customer, prospect とも言います。

thereof = of that (*or* those)「それの」there-は場所の意味はありません。

indemnify ... against「〜に対して補償する」すでに発生した，あるいは将来発生する損失・損害の補償，補填を約束することをいいます。to guarantee「保証する」「保証債務を引き受ける」「請け負う」とは，区別すべきです。

hold ... harmless「損害を受けないように（無害なように）しておく」

［訳例］

第8条　担保と表示

　北斗は，キャピラーノまたはキャピラーノ製品に関して不実のまたはまぎらわしい表示をしてはならない。北斗は，事前に取得したキャピラーノの明示的な書面による同意なくして，キャピラーノ製品に関して顧客または見込み客または企業またはその一部門に対する明示でも黙示でも書面によっても書面によらなくても担保をしてはならない。北斗は，本8条に基づく北斗の義務違反から生ずる一切の責任に対してキャピラーノに補償しなければならないし，すべての損害からキャピラーノに損害を受けない状態にしておかなければならない。

Article 9.　Bankruptcy:
　In the event that either party hereto shall commit an act of bankruptcy, or file a voluntary petition in bankruptcy, or be declared bankrupt in an involuntary proceedings, or file for a plan under the bankruptcy act or laws of any government, or place its affairs in the hands of a receiver, or enter into a composition for the benefit of creditors, or perform any other act based upon or due to its inadequate credit position, then the other party to this Agreement may terminate this Agreement by giving thirty (30) days advance written notice of termination at the first party's last known address. This Agreement may likewise be terminated in the event of sequestration by a governmental authority.

［語句解説］
party「当事者」
hereto = to this (agreement)「本契約書の」here-には場所の意味はありません。
file「提出する」「提起する」
petition「申立」他には「嘆願書」の意味があります。
involuntary「不本意の」「強制的な」
proceedings「手続き」
file for「申請する」
place ... in the hands of「～の手に委ねる」
receiver「管財人」もちろん「受取手」とか「受信者」の意味もありますが破産関係では「破産管財人」の意味です。
enter into「(ある関係に)入る」目に見えない，たとえば契約関係に入る場合にはintoを伴います。He entered his room.のように物理的な空間に入る場合にはintoは不要です。
composition「和議」「示談」もちろん他には「構成」「構造」「性質」「合成」などの意味があります。
for the benefit of「～の利益のために」
creditor「債権者」この反対はdebtor「債務者」です。
known「知らされた」
likewise「同様に」

sequestration [siːkwəstréiʃən]「仮差押」「押収」
authority「当局」「官庁」他には「権威」「権限」などの意味があります。
［訳例］
第9条　破産

　本契約書のいずれかの当事者が，破産の行為を犯すか，または破産の自発的な申立を提出するか，または強制的な手続きにより破産を宣告されるか，または破産行為あるいはいずれかの政府の法律に基づいた計画を申請するか，またはその業務を管財人の手に委ねるか，または債権者利益のために和議に入るとき，またはその不適格な信用状況に基づきあるいはその理由でその他の行為を実行する場合には，本契約書のもう一方の当事者は，相手の当事者の最後に知らされた住所宛に書面による30日の事前終了通知を送付することにより，本契約書を終了することができる。本契約書は，政府当局の仮差押の場合においても同様に終了することができる。

Article 10.　Assignment

　Hokuto is appointed as such by reason of Capilano's confidence in Hokuto's ability. Such confidence in Hokuto's ability is personal in nature and, therefore, this Agreement may not be assigned or transferred by Hokuto to any third person or persons without express written consent of Capilano in advance.

［語句解説］

confidence「信頼」「自信」他には「秘密」の意味もあります。形容詞は，「信頼」の意味では confident，「秘密」の意味では confidential です。

in nature「まったく」意味を強める働きをします。

assigned or transferred「譲渡される」同義語の重複です。
［訳例］
第10条　譲渡

　北斗の能力をキャピラーノが信頼し，北斗は，そのようなものとして任命される。北斗の能力のそのような信頼は，まったく個人的なものであり，したがって，本契約書は，キャピラーノの事前の書面による明示的合意なくしては，第三者に譲渡してはならない。

Article 11.　Additions and Changes

No additions or changes to the terms and provisions of this Agreement shall be effective unless entered into in writing as an express supplement to this Agreement and signed by both parties.

［語句解説］

supplement「追加」「補足」「補充」「増補」

［訳例］

第11条　追加と変更

本契約書の条件および条項の追加や変更は，本契約書に対する明示的補足として書面により締結され，両当事者により署名されなければ，有効ではない。

Article 12.　Term and Termination

a) Unless sooner terminated, this Distributorship Agreement shall continue in effect until such time as it is terminated by either Capilano or Hokuto by giving written notice of termination to the other at its last known address at least ninety (90) days prior to the date of termination. Upon giving of such notice by either party, Capilano shall be entitled to cancel any or all orders for Capilano's products which Capilano may receive from Hokuto after the date when such notice is given, and Capilano is in no way obliged under this Agreement, or otherwise, to accept any orders received from Hokuto after notice of termination of this Agreement has been given, and shall in no way be liable for cancelling or refusing to accept any such orders of Hokuto. It is agreed that any such termination shall not release Hokuto from payment of any sum or sums of money which Hokuto may then owe Capilano.

b) Upon the termination of this Agreement for any reason whatsoever, Capilano may, at its option, itself repurchase or arrange for the purchase by a third party or parties of any portion or all of Hokuto's inventory of Capilano's products at the total price paid by Hokuto, including insurance, freight and duties. Said purchase price, less any indebtedness of Hokuto to Capilano, shall be paid by Capilano to

Hokuto at such time as may be mutually agreed to between the parties.

　Should Capilano exercise its option herein granted, then and in such event Hokuto promises and agrees to sell its said inventory of Capilano's products to Capilano or to such other purchaser as Capilano may designate in writing at the price indicated above and to ship said inventory in accordance with Capilano's written shipping instructions.

［語句解説］

term「期間」具体的には契約有効期間のことです。

herein = in this (agreement)「本契約書中の」

in effect「有効である」

prior to「〜より前に」一言で before と同じです。

upon「〜次第」「〜してすぐに」

in no way「決して〜ない」ほとんど never と同じと考えてよいでしょう。

liable for「〜に対して責任がある」

release「（責任を）解除する」

whatsoever「いかなる〜であろうとも」any を強める用法です。

at its option「〜の自由選択で」「随意に」at its discretion「自由裁量で」に類似しています。

inventory「在庫」販売用在庫の stock に比べ，手持ちを調べたらこれだけ在庫があったという感じの在庫です。他には「在庫目録」「棚卸し」などの意味があります。

ship「積出す」北米以外では「船積みする」ですが，北米では汽車，貨車，トラック，飛行機，船などどれに積んでも使いますので「積出す」となります。

shipping instructions「船積依頼」「船積指図」

［訳例］

第12条　期間と終了

　a）期限前に終了する場合を除き，本販売店契約書は，終了の日付より少なくとも90日前にその最後に知られた住所宛に，相手に対して書面による終了通知を送付することによりキャピラーノまたは北斗のいずれかにより終了される時まで，継続して有効である。いずれかの

当事者によりそのような通知が送付され次第，その通知が送付される日付後にキャピラーノが北斗から受け取るかもしれないキャピラーノ製品の一切の注文を取り消す権利を有し，キャピラーノは本契約書に基づいてもそうでなくても，本契約書の終了通知が送付されてしまった後に北斗から受け取ったいかなる注文を引き受ける義務を決して有しないし，北斗のそのような注文を引き受けることを取り消したり拒否することに対して決して責任を負うものではない。そのような終了は，北斗がその時にキャピラーノに負っている一切の金額の支払から北斗の責任を解除しないことが合意される。

b）いかなる理由であろうとも本契約書の終了次第，キャピラーノは，自己の自由選択で，保険・運賃・関税を含めて，北斗が支払った総額で，北斗が有するキャピラーノ製品の在庫の一部または全部を，独自に第三者に再販することも第三者による再販を手配することもできる。そのような再販代金は，北斗がキャピラーノに対して有する一切の債務を控除して，両当事者が相互に合意する時にキャピラーノにより北斗に対して支払わなければならない。もし仮にキャピラーノが，本条項に付与された選択権を行使するときは，北斗は，キャピラーノ製品の当該在庫を，キャピラーノに対してまたはキャピラーノが上記に指示した価格で書面により指定したような他の購入者に対して販売し，キャピラーノの書面による船積依頼に従い，当該在庫品を積出すことを約束し合意する。

IN WITNESS WHEREOF, Capilano and Hokuto have caused this Agreement to be signed as of the day and year first above written.

Capilano Corporation   Hokuto Corporation

By _____   By _____
        President   President

By _____   By _____
        Secretary   Secretary

［語句解説］

in witness whereof「上記の証として」whereof＝of which で，which の先行詞は，上記の契約内容全部となります。

cause「（契約書を）署名し，作成する」

［訳例］

　上記の証として，キャピラーノと北斗は頭書に記載された日付に，本契約書に署名し，締結した。（以下略）

＊本契約書は，実際の契約書を加筆修正したものです。

Coffee break（8）：条件（terms & condition）と担保（warranty）

　契約の条項には，条件と担保があります。

　まず条件には，terms と condition(s) があります。payment terms, quality terms, quantity terms, insurance terms … と terms と書けるものは terms，それ以外は condition(s) といっています。terms や condition(s) は，その違反が契約解除の対象になります。

　担保（warranty）は，その違反が単に損害賠償請求の対象にすぎず，契約解除の対象とならないものをいいます。

　どれを terms や condition(s) にするか，どれを warranty にするかは契約当事者が決めます。どちらでもない中間的なもの（intermediate terms; innominate terms）もありますが，違反の結果をみて，契約の根本を覆すような場合は，契約解除権を認め，そうでない場合は損害賠償請求の対象とするものです。

◆**イギリス物品売買法（1979年）第61条：SGA§61（1979）**◆

"Warranty" means an agreement with reference to goods which are the subject of a contract of sale, but collateral to the main purpose of such contract, the breach of which gives rise to a claim for damages, but not to a right to reject the goods and treat the contract as repudiated.

[訳例]
「担保」とは，売買契約の目的物についての合意であるが，契約の主たる目的に付随するものであり，その違反は損害賠償請求権を生じさせるが，物品を拒絶して契約を解除する契約を解除する権利を生じさせるものではない。

* warrantyについては，「担保」「担保責任」「保証」「確約」などの訳がありますが，guaranty「保証」と区別するため敢えて「担保」の訳をあてました。
* 「担保」の種類：warrantyには，express warranty「明示的担保」とimplied warranty「黙示的担保」とがあります。後者には，implied warranty of merchantability「商品性の黙示的担保」（UCC§2-314）とimplied warranty of fitness for particular purpose「特定目的の適合性の黙示的担保」（UCC§2-315）の2つがあります。前者の明示的担保とは，当該製品が仕様書に合致することを表明するなどして一定の事実を表明することです。後者の黙示的担保とは，商品が売りに出される以上，腐ったり，壊れていたり，特定の目的に合わないような商品であってはならない，という言わずもがなの「担保」です。だから黙示的担保です。これらの担保義務違反が起きると，契約を解除できないが補修義務や損害賠償義務が生じます。

(3) 販売代理店契約書

　前節でも説明しましたように，販売代理店契約と販売店契約とは，次の点でまったく異なりますので，混同しないようにしましょう。販売店契約では，両契約当事者は，共に本人（principal）です。しかし販売代理店契約では，当事者の一方が本人ですが，他方の当事者は代理人（agent）です。売買関係では，実際の売主は本人で，買主は販売代理店が取り次いだ顧客です。本人と顧客が実際の売買の当事者で，本人と代理店の関係は，売買関係ではありません。代理店と顧客との関係は，媒介または代理です。代理人（agent）は，本人（principal）の委託を受け，本人の名前と本人の危険・計算・責任で本人から手数料（commission）を受取り，取引を行います。広告宣伝，価格設定，担保（warranty）などは，本人が決め責任をもちます。代理店は店舗の維持費や従業員の給料などに責任をもちます。そして代理店は取扱い金額に対し契約で決められた手数料を受取ります。

　agent は，法人としての観点または組織内で活動する人の観点から「代理人」とも，組織やそれが所在する営業所の観点から「代理店」とも訳されます。「代理人」と「代理店」は実質上同じです。

　販売代理店に独占的代理権（exclusive agency）を与える場合は，一手販売代理店（exclusive selling agent）または総販売代理店（sole selling agent）ともいいます。独占的（exclusive）とは，販売地域内において自己の支店や出張所はいくらあってもいいですが，競合する他社にはその権利を与えないことをいいます。これがない場合には，複数の販売代理店が任命されることも可能になります。本人が，意識的に競争させるため，複数の販売代理店を任命することもあるでしょう。

　以下は，米国ミネソタ州ミネアポリスの本人（principal）と日本国大阪府中央区の販売代理人（selling agent）との間で交わされた販売代理店契約書（例）です。署名が行われた場所が，少しは両者の中間に近い米国カリフォルニア州ロスアンジェルスで，準拠法と裁判管轄権もカリフォルニア州に関わるところとなっています。ここでは販売地域（territory）において独占的代理権（exclusive agency）を与えています。

表題・前文
＜一般条項＞
　第1条　定義（Definitions）

<実質条項>
　第2条　任命（Appointment）
　第3条　注文（Orders）
　第4条　代理人の義務（Agent's Duties）
　第5条　本人の名前の使用禁止（Prohibition of Using Principal's Name）
　第6条　手数料（Commission）
　第7条　営業報告書（Sales Report）
　第8条　譲渡（Assignment）
<一般条項>
　第9条　契約の終了（Termination）
　第10条　解約（Cancellation）
　第11条　準拠法（Governing Law）
　第12条　裁判管轄権（Jurisdiction）
後文・署名

Coffee break（9）：best seller はなぜ「売る人」でないか

　This book sells well. は「この本はよく売れる」という意味ですが，sell にはまず「売る」という意味があり，もう一つ「売れる」の意味があります。手許の英語語源辞典には，Shakespeare が最初に「売れる」の意味で使用し，「売れる物」としては 1895 年に使われたとあります。

　英語は元々ドイツ語の方言で，基本的な文法にもまだドイツ語の面影が残っているところがありますので，ドイツ語から類推してみます。ドイツ語には verkaufen「売る」に対して sich^4 gut verkaufen という用法で「売れる」という意味があります。sich^4 は再帰代名詞で，gut はこの場合 well に相当します。そこで再帰代名詞 itself を挿入して，This book sells itself well. とすると納得がいきます。恐らく itself は，後で省略されたのでしょう。ドイツ語からの類推はあながち間違いにならないでしょう。この種の動詞には他に read「読まれる」，draw「引かれる→近づく」などがあります。

・the message reading as follows:「次のような内容のメッセージ」

Sales Agency Agreement

　This Agreement, made in Los Angeles, California, USA, on May 1, 20--, by Doe Milling Company, Inc. having its main office in Minneapolis, Minnesota, USA ("Principal"), and Akashi Co., Ltd., having its main place of business in Chuo-ku, Osaka, Japan ("Agent")

WITNESSETH:

　WHEREAS, Principal is engaged in the business of manufacturing and selling Doe Cracked Wheat ; and

　WHEREAS, Agent desires to be appointed an exclusive selling agent to solicit orders for the Wheat in the territory, and Principal is willing to make such appointment, but only upon the terms and conditions set forth below:

　NOW, THEREFORE, IT IS MUTUALLY AGREED:

［語句解説］

agency「代理資格」「代理行為」agent は行為者を表し，agency は代理人たる資格・地位・行為などを表します。agency にも代理人の意味がありますが，どちらかといえば代理人や代理店が構える建物の意味合いが強い。president — presidency の関係も，agent — agency の関係と同じです。

witnesseth「～を証する」これは古英語で，現代英語なら witnesses となります。ちなみにコロンとセミコロンの意味には幾つかありますが，この場合のコロンは「すなわち」の意味であり，またセミコロンは，密接な関係にある同じ要素の文章を集めてグループを作る役目を果たします (p. 26 参照)。

cracked「粗挽き」他には「砕けた」「ひびの入った」「かすれた」などの意味があります。

whereas「～という次第なので」「～という事実から見れば」契約英語特有の表現です。

exclusive selling agent「一手販売代理店」

solicit orders「注文を取る」「注文を勧誘する」他には，invite orders も用いられます。

willing to「どちらかと言えば，〜してよい」字面（じづら）に比べてあまり強い意味ではありません。

set forth「〜を規定する」

［訳例］

米国ミネソタ州ミネアポリス市に本社を有するドウ製粉会社（「本人」）と日本国大阪市中央区に主要営業所を有する明石株式会社（「代理人」）により20--年5月1日に米国カリフォルニア州ロスアンジェルスにおいて締結された本契約書は，以下のことを証する。

本人は，ドウ粗挽き小麦の製造と販売の取引に従事している。

代理店は，販売地域内で小麦の注文を取るための一手販売代理店に任命されるのを希望している。本人は，以下に規定された条件に基づいてのみその任命をしてもよいと思っている。したがって，以下のように相互に合意する。

Article 1. Definitions

That as used in this Agreement, the following terms means the following meanings:

(a) "Products" shall mean Doe Cracked Wheat in packages.

(b) "Territory" shall mean the territory of Japan.

［訳例］

第1条　定義

本契約書においては，以下の用語は次の意味を有する。

(a)「製品」とは，包装されたドウ粗挽き小麦を意味する。

(b)「販売地域」とは，日本の領土を意味する。

Article 2. Appointment of Exclusive Agency

That Principal appoints Agent as an exclusive agent in the territory to solicit orders to further the sale of the Product, and Agent accepts such appointment, upon the terms and conditions set forth below.

［訳例］
第2条　独占的代理人の任命
　本人は,「製品」の販売促進に応じる注文勧誘のために代理人を販売地域内での独占的代理人に任命する。そして代理人は,以下に規定された条件で,そのような任命を受け入れる。

3. Orders
(a) That Agent shall solicit orders for Products, subject to the written approval and acceptance by Principal, at such sales prices as may be established and set forth in the sales price list of Principal that shall prevail at the time of such solicitation, and upon such terms and conditions as Principal shall, from time to time, authorize in writing.
(b) That Agent shall not have any right, power or authority to accept any order, or to assume or create any obligation, express or implied, on behalf of Principal.
(c) That neither Agent nor any of its salespersons, shall sell, or attempt to sell, any cracked wheat, whether in packages or in bulk, or otherwise, for any other person, firm, association or corporation.

［語句解説］
subject to「～を条件として」「～に従って」
established「確立した」「慣習として認められた」
prevail「有効である」「支配する」
from time to time「時折」ほぼsometimesと同じです。
power「権力」「権限」
authority「権限」
express or implied「明示的でも黙示的でも」明示的とは言葉ではっきり表現すること,黙示的とは暗黙のうちにという意味です。
on behalf of「～のために」「～を代表して」
in bulk「ばら荷で」「梱包しないで」紛らわしいのはbulkyで,これは「嵩張っている」という意味です。

［訳例］
第3条　注文
　(a)　代理人は,本人による書面の承認および受諾を条件として,確立

していてそのような注文取りの時に有効な本人の販売価格表に定められているような価格で，かつ本人が時折書面で正式に認めるような条件で，「製品」の注文を取る。
(b) 代理人は，注文を引き受けたり，明示的であれ黙示的であれ，本人のために義務を負ったり創ったりする権利・権力・権限を一切もたない。
(c) 代理人およびその販売人は，包装されていようがいまいが，他の人，会社，団体，法人のために，粗挽き小麦を販売しないし，販売しようともない。

4. Agent's Duties
(a) That Agent shall, at its own cost and expense, maintain, at all times, a minimum of seven (7) salespersons, who will spend all of their time actively soliciting orders for the Products.
(b) That such salespersons of Agent shall be deemed to be employees of Agent, and not of Principal, and they shall be paid by Agent; and Agent shall assume full responsibility for its own account to and for all of its employees under Employer's Liability, Workmen's Compensation, Unemployment Insurance and other social security legislation.
(c) That Agent shall save and hold harmless Principal from and against all claims, losses and liability arising out of damage to property, or injury to, or death of, persons, occasioned by, or in connection with, the acts or omissions of Agent, or of Agent's agents, employees and subcontractors, or use of any motor vehicle, or other equipment or property in connection therewith, and from and against all claims, losses and liability for costs, fees and attorneys' expenses in connection with such.
(d) That Principal will furnish to Agent, upon its written request, a set of salespersons' equipment for the use of each salesperson of Agent, and Agent shall pay the sum of twenty thousand Japanese Yen (JY20,000) for each set of equipment; but Principal, upon written request of Agent, will accept the return of any salesperson's equipment so

supplied, if the same shall be in good condition, and shall credit Agent with the amount paid for it.

［語句解説］

at its own cost and expense「自分自身の原価と費用で」

social security legislation「社会保障法」

occasioned「引起こされる」caused や triggered とほぼ同じ。

acts「行為」「作為」commission とほぼ同じ意味。

omissions「不作為」「不行為」「怠慢」契約で定められたすべきことをしないこと。

subcontractor「下請人」「下請契約者」

motor vehicle「自動車」vehicle には，「乗り物」「媒介物」「手段」などの意味があります。

therewith = with that したがって，in connection therewith = in connection with that「それに関連して」となります。

attorney「弁護士」一般には lawyer や counselor も使われます。これはもっぱらアメリカ用語で，イギリスやカナダでは，solicitor（事務弁護士）や barrister（法廷弁護士）が使われます。

return「返却」

in good condition「良好な状態で」

credit ... with「…に対して〜を貸方記入する」債権の減少や債務の増加の場合に使われます。

［訳例］

第4条　代理人の義務

(a) 代理人は，自分達の時間のすべてを「製品」の注文を活動的に取ることに費やす，常に最低7人の販売人を，自分自身の経費と費用で，維持する。

(b) 代理人のそのような販売人は，代理人の従業員であって，本人の従業員とはみなされない。販売人は，代理人から報酬を受け，代理人は，「雇用者責任法」「労働者補償法」「失業保険法」およびその他のいわゆる社会保障法に基づき代理人の従業員に対し自分の勘定に一切の責任を負う。

(c) 代理人または代理人の代理人，従業員および下請人の作為または不作為，あるいはそれらに関連して自動車，機器，財産の使用によ

り引きこされたり，それらに関して財産の損傷または人の死傷から生ずるすべてのクレイム，損失および責任に対しておよびそれらに関する料金，費用，弁護士費用に対する一切の賠償請求，損失および責任に対して，本人を損害を受けない状態にする。
(d) 本人は，代理人の書面による請求あり次第，代理人の各販売人の使用のため販売人の機器一式を代理人に供与する。代理人は各一式の機器に対して日本通貨2万円の金額を支払う。しかし本人は，代理人の書面による請求あり次第，それが良好な状態にあるならば，そのように供与された販売人の機器の返却を受諾し，それに対して支払った金額を代理人に対して貸方記入する。

Article 5. Prohibition of Using the Principal's Name

That Agent shall not use the name "Doe Milling Company" or any combination containing the name "Doe" as part of any trade or business name.

［語句解説］
containing「〜を含む」
［訳例］
第5条　本人の名前の使用禁止
　代理人は，「ドウ製粉会社」の名前または取引または営業名の一部として「ドウ」という名前を含む組合せを一切使用しない。

Article 6. Commission

That, as compensation for Agent's services provided for under this Agreement, Principal shall pay to Agent, and Agent shall accept, on orders procured by Agent and duly accepted in writing by Principal, a commission of seven percent (7%) of the selling price, which commission shall be paid on the tenth day of each month in respect of any and all payments made during the preceding month upon orders so accepted in writing by Principal.

［語句解説］
compensation「報酬」「補償」
on orders これは本来は，a commission ... on orders ... となるところを，

強調のため倒置してあります。
which commission「その手数料」この which は，関係形容詞。
in respect of「〜に関して」
［訳例］
第6条　手数料
　本人は，本契約書に基づき規定された代理人の業務の報酬として，代理人に代金を支払う。代理人は，代理人により調達され本人により書面で正当に引き受けられた注文に対し，売上価格の7パーセントの手数料を受理する。その手数料は，本人により書面で引き受けられた注文に対し，前の月に行われたすべての支払に関し各月の10日に支払われる。

Article 7.　Sales Report
　That Agent agrees to furnish to Principal such reports and data relating to the business of the agency as Principal may, from time to time, request; and Agent shall follow such regulations and directions, and employ such forms, as Principal may direct to be used.
［語句解説］
relating to「〜に関して」
regulations「規則」「規定」
directions「指図」
［訳例］
第7条　営業報告書
　代理人は，本人が時折請求するような代理行為の営業に関する報告書やデータを本人に供与することに合意する。そして代理人は，本人がそれを使うことを指示する規則・指図に従い，かつその様式を採用する。

Article 8.　Assignment
　That this Agreement constitutes a personal contract, which may not be assigned or transferred by Agent without Principal's prior written consent.
［語句解説］
constitute「構成する」
assigned or transferred「譲渡される」この場合は，両方とも「譲渡され

る」で同じ意味です。

［訳例］
　　第8条　譲渡
　　本契約書は，個人的な契約を構成し，本人の事前の書面による同意なくしては，代理人により譲渡されてはならない。

Article 9.　Termination

That if Principal shall deem its best interests imperiled by the continuance of this agency, of which Principal shall be the sole judge, or if Agent shall become insolvent or bankrupt, or in the event of the incapacity of Agent for a period of two consecutive weeks, or in the event of a breach by Agent of any of the terms, conditions and provisions on its part to be kept, observed or performed, then, and in any such event, Principal may forthwith terminate this Agreement, by sending written notice of its election to Agent at its last-known post office address.

［語句解説］
deem「～と考える」「～と思う」
imperil「危険にさらす」単語の構成は im (in) + peril（危険）です。
continuance「存続」「継続」continuance は，自動詞の名詞形，continuation は他動詞の名詞形。
insolvent「支払不能の」名詞形は，insolvency。
bankrupt「破産状態の」to go bankrupt（破産する）で使われます。名詞形は，bankruptcy です。
in the event of「～の場合には」「～が発生した場合には」
incapacity「無能（状態）」「不適格」「不適任」たとえば，労働災害を含む病気・怪我で労働不可能になった状態をいいます。
consecutive「連続して」successive とほぼ同じ。
breach「違反」「不履行」この動詞は当然 to break です。
forthwith「直ちに」immediately と同じ。

［訳例］
　　第9条　契約の終了
　　もし本人が，まったくの自分の判断で，本代理契約の存続によって自分の最大の利益が，危険にさらされていると考えたり，代理人が支払不

能や倒産したり，連続2週間代理人の無能状態の場合，あるいは代理人側で維持し，守り，遂行されるべき条件，規定一切の代理人による違反その他の場合，本人は，代理人に対しその最後に知らされた郵便住所にその書面による選択の通知を送付することによって，本契約書を直ちに終了することができる。

Article 10. Cancelation

That this Agreement may be canceled at any time, by either party mailing thirty (30) days' written notice of such cancelation to the other at its last known post office address.

［語句解説］

cancel「解約する」「解消する」「取り消す」

thirty (30) days' written notice「30日の事前通知」英語には事前という言葉は，入っていませんが，このような言い方をします。

［訳例］

第10条　解約

　本契約書は，相手に対して最後に知らされた郵便住所に書面による解約の30日の事前通知を送付することにより，どちらの当事者によっても，いつでも解約できる。

Article 11. Governing Law

That this Agreement shall be governed by the laws of the State of California, USA in all respects of validity, construction and performance thereof.

［訳例］

第11条　準拠法

　本契約は，効力，解釈および履行に関するすべての事項について，米国カリフォルニア州法に準拠する。

Article 12. Jurisdiction

That the parties hereto agree that any and all lawsuits hereunder shall be brought exclusively in the Los Angeles District Court of USA.

[訳例]
第12条　裁判管轄権
　本契約の両当事者は，本契約から生じるすべての訴訟について米国のロスアンジェルス地方裁判所を専属的管轄裁判所とすることに合意する。

Dated May 1, 20--, Los Angeles, California, USA
Doe Milling Company, Inc.　　Akashi Co., Ltd.
By John Doe　　　　　　　　　By Isamu Akashi
President　　　　　　　　　　President
（訳省略）

＊本契約書は，Saul Gordon and Stephen Kurzman (1980), *Gordon's Modern Annotated Forms of Agreement*, pp. 57-59 を参照しながら作成しました。

(4) 技術提携契約書

「技術提携契約」は，他に「技術援助契約」，「技術輸出契約」，「技術ライセンス契約」，「ノウハウ契約」とも言われます。英語では，"technical collaboration agreement"，"technical assistance agreement"，"technological assistance agreement"，"license agreement"，"patent license agreement"，"know-how agreement" などと呼ばれています。

実質的に技術提携契約が行われる形態には大きく分けて次の3つの場合があります。

① 技術提携契約そのものの場合
② プラント契約の中に含まれる場合
③ 合弁契約に含まれる場合

プラント契約の場合には，海外工事請負の面もあり，100％技術提携が含まれるわけではありませんが，非常に多くの場合技術提携を含みます。また合弁契約の場合，技術提携を伴う場合もあり，伴わない場合もありますが，伴う場合は，合弁契約書を基本契約書（basic agreement）と呼び，別個に技術提携契約を結びます。

技術提携契約は，集約すれば，
　(1) 工業所有権の譲渡，
　(2) 工業所有権の許諾，
　(3) ノウハウ（know-how）の提供，
のうちの一つまたはこれらの組合せとなります。

ノウハウは，要するに公開できない，あるいは公開しない技術です。多くの対象は，工業生産ですが，ノウハウには，経営上のノウハウ，販売上のノウハウ，管理上のノウハウなど工業生産以外のノウハウもあることを忘れてはいけません。

以下に日本のライセンサー（licensor）とブルガリアのライセンシー（licensee）との間で交わされた技術提携契約書（例）を掲げます。なおライセンサーを「技術供与許可者」，ライセンシーを「技術供与被許可者」その他の訳がありますが，一定の訳が定着していないので，ここではカタカナのまま使用します。

表題・前文
<一般条項>
　第1条　定義（Definitions）
<実質条項>
　第2条　許諾の範囲（Scope of License）
　第3条　開示（Disclosure）
　第4条　技術援助（Technical Assistance）
　第5条　ローヤルティの支払（Payment of Royalty）
　第6条　開発技術の開示（Disclosure of Development）
　第7条　工業所有権（Industrial Property）
　第8条　部品および原材料の供給(Supply of Component Parts and Raw Materials)
　第9条　最恵待遇（Most Favored Clause）
　第10条　最善の努力（Best Efforts）
　第11条　許可の取得（Obtaining Authorization）
　第12条　秘密保持（Secrecy）
<一般条項>
　第13条　不可抗力（Force Majeure）
　第14条　譲渡（Assignment）
　第15条　通知（Notice）
　第16条　仲裁（Arbitration）
　第17条　準拠法（Governing Law）
　第18条　完全合意（Entire Agreement）
　第19条　分離（Severability）
　第20条　期間と終了（Term and Termination）
　第21条　解釈（Interpretation）
　第22条　条項の見出し（Article Title）
後文・署名

Technical Collaboration Agreement

This Agreement, made and entered into on the 21st day of May, 20-- by and between ABC Co., Ltd., a corporation duly organized and existing under the laws of Japan, with its registered main office at Nishikyo-ku, Kyoto, Japan, (hereinafter referred to as Licensor), and XYZ Co., Inc., a corporation duly organized and existing under the laws of Bulgaria, with its registered main office at Sofia, Bulgaria (hereinafter referred to as Licensee)

WITNESSETH

[語句解説]
enter into「(契約を) 締結する」
corporation「法人」「有限会社」「団体」
duly「正式に」「合法的に」「妥当に」形容詞 due の副詞形
registered「登録した」郵便の場合なら「書留の」という意味となります。
refer to ... as「〜と呼ぶ」
witnesseth「証する」古英語で現代英語なら witnesses となります。witnesseth の前の文章全体が主語となります。

[訳例]
日本法により正式に設立存続し、登録上の主たる営業所を日本国京都市西京区に有する法人であるＡＢＣ株式会社 (以下「ライセンサー」と称す) とブルガリア法により正式に設立存続し、登録上の主たる営業所をブルガリア国ソフィアに有するＸＹＺ株式会社 (以下「ライセンシー」と称す) により、両社の間で20--年５月21日に締結された本契約書は、以下のことを証する。

Whereas, Licensor is experienced in the production of the Licensed Products in Japan and is in a position to furnish considerable technical advice and information; and

Whereas, Licensee desires to have Licensor furnish Licensee the technical information and assistance to the extent provided for in this Agreement to permit Licensee to construct and operate in Stanke

Dimitrov a plant for producing the products within the field of this Agreement and Licensor is willing to furnish such technical information on the terms and conditions set forth in this Agreement.

　Now therefore, it is agreed by and between the parties as follows:
［語句解説］
whereas「～という次第なので」「～という事実から見れば」契約文特有の表現で特に訳さなくてもよいでしょう。ここの部分は whereas clause とか Recitals とか呼ばれています。

be in a position to「～することができる」can とほぼ同じです。しかし can よりやや遠回しの表現です。

considerable「相当な」「重要な」

to the extent「～の範囲で」「～の程度で」

provide for「～を規定する」

set forth「規定する」「取り決める」

as follows:「次のように」本来は，as it follows: で it が省略されています。この場合のコロンは，「すなわち」という意味です。

［訳例］
　ライセンサーは，日本において許諾された製品の生産の経験があり，相当の技術に関する助言と情報を供与することができる。
　ライセンシーは，本契約書に規定された範囲で，ライセンサーに技術に関する情報と助言をライセンシーに対して提供してもらいたいと希望している。そして本契約書の分野においてその製品を生産するための工場をスタンケ・ディミトロフに設立し操業することをライセンシーに許可したい。またライセンサーは，本契約書で規定された条件でそのような技術情報を供与したいと思う。
　そこで，両当事者により，かつ両当事者の間で以下のように合意する。

Article 1.　Definitions
　As used in this Agreement, the following terms will have the following meanings, unless the context clearly requires otherwise:
(1) "Effective Date of this Agreement" shall mean ...
(2) "Know-How" shall mean ...
(3) "Licensed Products" shall mean ...

(4) "Net Selling" shall mean ...
(5) "Patent" shall mean ...
(6) "Subsidiary" shall mean ...
(7) "Exclusive Territory" shall mean ...

［語句解説］

unless「～でなければ」＝if not
context「文脈」それ以外には「共通認識」などという意味もあります。
territory「販売地域」一般には「なわばり」「領域」などの意味です。

［訳例］

第1条　定義

　本契約書で使用されている次の用語は，その文脈が明らかに別段に要求しないかぎり，次の意味を有する。
(1)「本契約書の発効日」とは，～をいう。
(2)「ノウハウ」とは，～をいう。
(3)「許諾された製品」とは，～をいう。
(4)「純売上高」とは，～をいう。
(5)「パテント」とは，～をいう。
(6)「子会社」とは，～をいう。
(7)「独占的販売地域」とは，～をいう。

Article 2.　The Scope of License

　Licensor hereby grants to Licensee on the terms and conditions herein set forth an indivisible, nontransferable and exclusive license under Patents to manufacture, use and sell Licensed Products and an indivisible, nontransferable and exclusive right to use Know-How in the manufacture, use and sale of Licensed Products in Exclusive Territory during the effective period of this Agreement.

［語句解説］

hereby「これによって」実際は「本契約書によって」＝by this (agreement)
herein「この中に」実際は「本契約書の中に」＝in this (agreement)
exclusive「独占的」「一手」inclusive（包括的）に対する用語。

[訳例]
第2条　許諾の範囲
　ライセンサーは，本契約書により，本契約書に規定された条件に基づき，ライセンシーに対して，許諾された製品を製造，使用，販売するために不可分にして譲渡不可能な，かつ独占的特許実施権および本契約書の有効期間中に独占的販売地域において許諾された製品の製造，使用，販売のノウハウを使用する不可分にして譲渡不可能なかつ独占的権利を供与する。

Article 3. Disclosure
　Licensor agrees to furnish or make available to Licensee, within thirty (30) days after the date of payment of the initial sum duly made by Licensee as provided for in Article 5, all Know-How including such matters as the design, construction, operation and maintenance of manufacturing plants and facilities, the selection, purchase, installation and use of machinery and equipment and packaging, marketing and promotion of the Products, which is in the form of engineering data, drawings, specifications, procedures and all other documents relating to the above.
　Anything in this Agreement to the contrary notwithstanding, Licensor shall not be required to disclose any Know-How regarding matters that are in a state of research or development or with respect to which patent applications are to be filed in the Exclusive Territory until the same shall have been filed in the Exclusive Territory in which Licensor intends to file.

[語句解説]
initial「最初の」「初期の」
facilities「設備」この意味では通常複数形。
installation「取付」同じ名詞形でinstallmentにも同じ意味があります。installmentには他に「分割払い（の一回分）」の意味もあります。
machinery「機械類」これは不可算名詞で数えられません。したがって複数形にはなりません。machineならば一台，二台と数えられます。
equipment [ikwípmənt]「機器類」これも不可算名詞で，複数形にはなり

ません。ただし，machinery に対する machine に相当する単語はありません。

marketing「販売」「販売活動」「市場活動」学問のマーケティングはもっと広い意味となります。

drawing「図面」「製図」もともと線を引くことをいいます。

specifications「仕様」通常複数形です。

procedures「手順」「工程」「手続」通常複数形。

to the contrary「別の」「異なる」

notwithstanding「～にもかかわらず」これは最後に置かれますが，in spite of を最初に置いての書き換えが可能です。

disclose「開示する」覆いを取り除くという意味です。したがって基本的には「暴く」「現わす」こと。

with respect to「～に関する」

application「申請」「出願」他には「適応」「応用」「専念」などの意味があります。

［訳例］

第3条　開示

　第5条に規定されるように，ライセンシーが適法にイニシャル金額の支払を行った日から30日以内に，ライセンサーは，ライセンシーに対して，製造工場および設備のデザイン，建設，操業および維持，機械類および機器類の選択，購入，取付および使用，ならびに製品の包装，販売および販売促進のような事項を含み，技術資料，図面，仕様書，手順および上記に関するその他すべてを文書のかたちにしたノウハウを提供し利用できるようにすることに合意する。

　本契約書中にいかなる別の文言があっても，ライセンサーは，研究開発中の事柄に関する，あるいはそれに関して特許出願が独占的販売地域内で申請されることになっているノウハウについては，ライセンサーが申請を意図する独占的販売地域内で申請されるまでは，その開示を要求されない。

Article 4. Technical Assistance

(1) It is mutually agreed in principle that Licensor's specialists shall arrive at Licensee's site at a convenient time after the delivery of machines

and equipment. The exact date on which these specialists are to arrive shall be defined and informed by Licensee at least thirty (30) days in advance.

(2) Licensee shall provide Licensor's specialists with suitable hotel or lodging free of charge and bear the expenses for their traveling within Licensee's country, medical attention including hospital treatment and transportation between the site and hotel or lodging, and pay all taxes which will be eventually imposed on the specialists' remuneration during their stay according to the laws of Licensee's country.

(3) Out of its own staff specialists Licensor shall dispatch ten persons who are to stay for a period of one hundred twenty man months.

(4) Licensee shall undertake to pay the specialists the below-mentioned remuneration during the whole of their stay from their arrival day to the departure day in and from the country of Licensee.

　　Supervisors: ………. Japanese Yen for each calendar day
　　Managers　 : ………. Japanese Yen for each calendar day
　　Engineers 　: ………. Japanese Yen for each calendar day

At the specialist's request, the above remuneration may be paid, in whole or in part, in Bulgarian currency, converted from Japanese Yen at the market exchange rate on the payday.

[語句解説]

in principle「原則として」
site「敷地」「構内」
lodging「宿泊設備」
free of charge「無償で」「無料で」
medical attention「治療」medical care ともいいます。
hospital treatment「病院の手当」「病院の処置」
impose「課する」「負わす」
remuneration「報酬」「報償」「給料」
one hundred twenty man months「120人月」一人なら120か月，二人なら60か月×2，ここでは10人なので12か月×10。結局「延べ120人月」となります。ここで man と単数になるのは，one hundred twenty man が形容詞的働きをするためです。英語にはそのような原則があります。two

man bicycle（二人乗り自転車）など参照。

　supervisor「スーパバイザー」工場長や部長クラスの監督者を指します。

　calendar day「暦日」これは土曜・日曜・祭日もすべて含めてという意味です。

［訳例］

第4条　技術援助

(1) ライセンサーの技術専門家が，機械および機器類の搬入後，都合のよい時にライセンシーの敷地内に到着することを，相互に合意する。これらの技術専門家が到着する正確な日を，少なくとも30日前にライセンシーが明示し連絡する。

(2) ライセンシーは，ライセンサーの技術専門家に，無料で適切なホテルまたは宿泊設備を提供し，ライセンシーの国内の移動，ならびに病院の手当を含めた治療および敷地とホテルまたは宿泊設備間の交通費を負担し，そしてライセンシーの国の法律により滞在中の技術専門家の報酬に実際に課されるすべての税金を支払う。

(3) ライセンサーは，自分の技術専門家のなかから，延べ120人月の期間，滞在することになる10人を派遣する。

(4) ライセンシーは，その技術専門家に対して，ライセンシーの国に到着の日からライセンシーの国から出発の日までの全滞在の期間下記の報酬を支払うことを引き受ける。

　　　　スーパバイザー：各暦日あたり＿＿＿＿＿日本円
　　　　マネージャー：　各暦日あたり＿＿＿＿＿日本円
　　　　技術者：　　　　各暦日あたり＿＿＿＿＿日本円

　上記の報酬は，各技術専門家の要望により，全額または一部を給料日の為替相場で日本円から換算されたブルガリア通貨で支払うことができる。

Article 5.　Payment of Royalty

In consideration of the license and service granted to Licensee hereunder, Licensee shall pay to Licensor, during the effective period of this Agreement, the following amounts:

(1) An initial sum of ... within thirty (30) days after the Effective Date of this Agreement, and

⑵ A royalty of five (5) percent of Net Selling Price
⑶ Licensee shall pay a minimum royalty of ... during each calendar year.
⑷ Excepting the initial royalty to be paid on the fixed day as stipulated in Section (1) above, all royalties provided for in this Agreement shall be due and payable semiannually and Licensee shall pay to Licensor on or before the last day of each month of July and January of each year during which this Agreement is in force, the total amount of royalty due and payable on account of the operations under this Agreement of Licensee during the semiannual calendar period ending with the last day of each month of June and December.
⑸ Any and all taxes of whatever nature imposed or levied in Japan on the payments made under this article shall be borne by Licensor.
⑹ All payments due under this Agreement shall be made in Japanese currency converted at the market exchange rate in effect on the day on which such payment is due.

［語句解説］

consideration「約因」実際には「対価」と訳してもよい。

hereunder「これに基づき」実際は「本契約書に基づく」＝under this (agreement)

in force「有効な」

due and payable「期限となり支払わなければならない」due は，期限あるいは期日がきた，という意味。payable は，can pay の意味ではなく，must pay の意味です。要するに合わせて「(代金の) 支払期限がきて支払義務が発生している」という意味となります。

calendar period「暦期間」これは土曜・日曜・祭日もすべての日を含める期間です。

whatever「どの［いかなる］～でも」＝of any kind

nature「性質」「本質」「特質」

exchange rate「為替相場」外国通貨との交換比率をいいます。

in effect「有効な」上記 in force とほぼ同じ。

［訳例］

第5条　ロイヤルティの支払

　本契約書に基づきライセンシーに供与される実施権および業務の約因

として，ライセンシーは，ライセンサーに対して，本契約書の有効期間中に，以下の金額を支払う。
　(1) 本契約書の発効日後30日以内に＿＿＿＿＿＿のイニシャル額
　(2) 純売上高の5％のロイヤルティ
　(3) ライセンシーは，毎暦年，＿＿＿＿＿＿のミニマム・ロイヤルティを支払う。
　(4) 上記第(1)項に規定されているように，定められた日に支払われるイニシャル・ロイヤルティを除き本契約書に定められたすべてのロイヤルティは，半年毎に期限となり支払わなければならない。そしてライセンシーは，本契約書有効期間中の毎年7月と1月のそれぞれ末日までに，ライセンサーに対して，6月と12月の各月の最後の日に終了するその半年の暦期間にライセンシーが本契約書に基づき操業することによって期限となり支払わなければならないロイヤルティの総額を支払う。
　(5) 本条に基づく支払に対して日本で課され，また徴収されるどのような性質の税金もすべてライセンサーが負担する。
　(6) 本契約書に基づいて期限となるすべての支払は，その支払がなされる日に有効な為替相場で換算された日本通貨で行われる。

Article 6.　Disclosure of Development

To the extent that they may do so without violating the laws of Bulgaria or Japan and are not under any contractual or other disability precluding so doing and subject to the conditions that may be imposed by third parties:
(1) Licensor and Licensee shall during the effective period of the Agreement keep each other fully and promptly informed as to all development, improvement, invention, knowledge, information, technical data, techniques, processes, manufacturing and trade secrets, methods, skills and other proprietary rights relating to the manufacture and sale of the Products that are developed or acquired after the Effective Date of this Agreement (hereinafter referred to as "Development") by either of them, regardless of whether said invention or improvement is protected by patents or not. However,

neither party shall be required to reveal any information related to matters that are in a state of research or development.

　Licensee, at the request of and without charge to Licensor, shall permit at mutually convenient times and intervals and for reasonable periods representatives of Licensor full and free access to its plants and operations for the purpose of inspecting and studying the Development and of checking compliance with the provisions of this Agreement.

　Licensor shall be responsible for all travel and living expenses and compensation of the representatives during any visits it so requests.

(2) Licensor hereby grants to Licensee during the effective period of this Agreement the right and license to use and employ Development in the Exclusive Territory subject, however, to all of the terms and conditions of this Agreement.

(3) Licensee hereby grants at any time to Licensor the irrevocable, royalty-free, exclusive right and license to use and employ Development, provided that, during the effective period of this Agreement, such use and employment is outside of the Exclusive Territory.

[語句解説]

disability「無資格」「無能」「無力」
improvement「改良」
proprietary「所有権」「所有物」
regardless of「～に関係なく」regardless of age or sex は,「老若男女を問わず」。
reveal「明らかにする」「暴露する」
at the request of「～の要求により」
representative「代表者」「派遣員」「代理人」
free access to「自由に～に立ち入ることのできる」「自由に～に出入りできる」
compensation「補償」「賠償」この場合は, たとえば, その人間が交通事故を起こしたときに相手に支払う補償金（賠償金）を指します。
irrevocable「取消不能」この単語は, to revoke（＝cancel）→revocable→irrevocable と派生してできました。

royalty-free「ロイヤルティなしの」sugar-free（砂糖なしの），tax-free（無税の），duty-free（関税なしの），caffeine-free（カフェインのはいっていない）などと使用されます。smoke-free は，「禁煙」ですので誤解のないようにして下さい。

provided that「～を条件として」これは文語的表現で，口語的には providing that が使用されます。

［訳例］

第6条　開発技術の開示

　ブルガリア法または日本法に違反しないで，両者がそうすることができ，かつそうすることを邪魔する契約上またはその他の行為無能力に該当しない範囲で，また第三者により課される条件にしたがって，

(1) ライセンサーおよびライセンシーは，本契約書の有効期間中，本契約書の発効日以後に両当事者のいずれかによって開発または取得された製品の製造および販売に関するすべての開発，改良，発明，知識，情報，技術資料，技術，手順，製造および取引秘密，方式，技能およびその他の所有権（以下「開発技術」と称す）を，このような発明または改良が特許によって保護されているか否かを問わず，十分かつ迅速に相互に報せ合う。ただし，どちらの当事者も，研究中または開発中の事項に関する情報の開示を要求されない。

　　ライセンサーの要求によりかつ無償で，ライセンシーは，ライセンサーの代表者を，相互に都合のよい時期および間隔および合理的な期間，開発技術の視察・研究および本契約書の条項に合致していることを確かめるために，ライセンシーの工場および操業に十分かつ自由に立ち入ることを許可する。

　　ライセンサーは，希望する滞在のあいだ，その代表者のすべての交通費および生活費ならびに補償に対して責任を負う。

(2) ライセンサーは，本契約書により，ライセンシーに対して，本契約書の有効期間中，本契約書のすべての条件にしたがって，独占的販売地域において開発技術を使用し採用する権利および実施権を供与する。

(3) ライセンシーは，本契約書により，本契約書の有効期間中での，そのような使用および採用が販売地域の外であることを条件として，開発技術を使用および採用するための，取消不能でロイヤル

ティなしの独占的な権利および実施権をライセンサーに対して常時供与する。

Article 7.　Industrial Property Right

　Licensee shall take all reasonable steps to prevent Patents from being infringed in Exclusive Territory for which the license is granted. Licensee shall inform Licensor of any such infringement which comes to its notice. In the event that a third party infringes the Patent right(s) of Licensor, Licensor shall assist Licensee in defending or taking a legal action against such third party. Licensor shall also upon request furnish Licensee with any information or evidence which is available and material to proper defense or prosecution of such actions.

［語句解説］
take steps to「（～するための）処置をとる」「（～するための）方策を講ずる」
prevent … from「…が～するのを妨げる」
infringe「侵害する」「犯す」「破る」
defend「抗弁する」「抗議する」
take a legal action「法的手段をとる」
upon request「要求あり次第」on または upon には「～次第」「～するとすぐに」という意味があります。
evidence「証拠」
material「重要な」この場合は形容詞です。
prosecution「実行」「遂行」

［訳例］
第7条　工業所有権
　ライセンシーは，実施権が供与される独占的販売地域において「特許」が侵害を受けないよう，すべての妥当な処置をとらなければならない。ライセンシーは，ライセンサーに対し，自分が知ることになったすべての特許侵害を報せる。第三者がライセンサーの特許権を侵害した場合には，ライセンサーは，そのような第三者に対して，抗弁あるいは法的手段をとることにライセンシーを援助する。ライセンサーは，要求あり次第，抗弁またはそのような法的手続の実行に対して，利用できかつ重要

な一切の情報または証拠をライセンシーに提供する。

Article 8. Supply of Component Parts and Raw Materials
(1) Upon request of Licensee during the validity of this Agreement, Licensor shall agree to supply Licensee with component parts and raw materials, to the extent they are manufactured and available at Licensor's works as may be necessary for manufacturing, assembling or servicing the Products.
(2) Licensor shall inform Licensee of the name(s) of manufacturer(s) of those parts or raw materials which Licensor does not manufacture, together with price information.
(3) The parties hereto may make a purchase contract(s), case by case and on a bona-fide basis, relating to the supply of component parts and raw materials as provided for hereinabove.

［語句解説］

as may be necessary「必要とする」この構文では本来は such component parts and raw materials are manufactured and available at Licensor's works as may be necessary... となるところ，component parts and raw materials が they となったため such が使えなくなってしまったものと考えられます。しかし単純に as を関係代名詞と割切ってもよいでしょう。

service「修理する」「アフターサービスをする」

on a bona-fide basis「善意に基づき」on a ～ basis は，ほぼ on the basis of ～と同じです。bona-fide は，ラテン語で bona（善い）＋fide（信頼）の合成語。英語の in good faith と同じです。

hereinabove ＝ above in this (agreement)「本契約書の上記で」

［訳例］

第8条　部品および原材料の供給
　(1)　本契約書の有効期間中にライセンシーの要求あり次第，製品の製造，組立，修理に必要な原材料が，ライセンサーの工場において製造されかつ入手できる範囲において，ライセンサーは，ライセンシーに部品および原材料を供給することに合意する。
　(2)　ライセンサーは，ライセンサーが製造しない部品または原材料の

製造業者の名前を，価格情報と共にライセンシーに報せる。
(3) 本契約書の当事者は，本契約書の上記で定められた部品および原材料の供給に関して，ケース・バイ・ケースによりまた善意に基づき売買契約を結ぶことができる。

Article 9.　Most Favored Clause

In the event that Licensor enters into a technical collaboration agreement with a third party in connection with the manufacture, use, sale or other disposition of Licensed Products in nonexclusive territory, Licensor shall not conclude such agreement in nonexclusive territory on terms and conditions more favorable to such third party than on those of this Agreement and shall notify promptly Licensee to that effect. In case Licensor is laid under the necessity of the conclusion of such agreement on the terms and conditions more favorable to such third party than on the ones hereof in the said territories, the terms and conditions hereof shall be modified to the extent that the terms and conditions thereof are equal or less favorable to the ones hereof.

［語句解説］

favored「好意をもたれている」「恵まれている」most favored nation は，「最恵国」の意。

favorable「有利な」「都合のよい」

to that effect「その旨」

modify「修正する」他には「修飾する」という意味もあります。

thereof = of that agreement「その契約の」その契約とは，ライセンサーが第三者と結ぶ契約のことです。

［訳例］

第9条　最恵待遇

　非独占的販売地域において許諾された製品の製造，使用，販売，その他の処分に関連して，ライセンサーが第三者と技術提携契約を締結する場合には，ライセンサーは，その第三者に対して本契約書より有利な条件で，非独占的販売地域において契約を結ばないし，その旨ライセンシーに迅速に通知する。ライセンサーが，第三者に対して上記の販売地域において本契約書の条件より有利な条件でそのような契約の締結の必

要性に置かれた場合には，本契約書の条件は，その契約書の条件が本契約書の条件より有利にならない範囲で，修正される。

Article 10.　Best Efforts

　　Licensee hereby agrees that it will devote its best efforts to make, sell and distribute the Products covered by this Agreement and also to increase substantially each year the sales of such Products.

［語句解説］

devote best efforts「最善を尽くす」devote は「ささげる」「充てる」。
distribute「分配する」「配給する」
substantially「実質的に」「本質的に」「基本的に」

［訳例］

第10条　最善の努力

　　ライセンシーは，本契約書により，ライセンシーが本契約書でカヴァーされる製品を製造，販売，流通させ，かつその製品の販売を毎年実質的に増加させる最善の努力を尽くすことに合意する。

Article 11.　Obtaining Authorization

　　In the event the approval or validation of the Governments could not be obtained within six (6) months after the date of execution of this Agreement, the decision as to whether this Agreement will remain valid or will be canceled without any conditions shall be made by mutual consultation between the parties hereto. If the above decision cannot be made within two months, this Agreement shall be deemed to be canceled without any conditions.

［語句解説］

authorization「許可」「権限付与」
approval「承認」「許可」
validation「認可」
as to「～に関して」文頭なら as for が使われます。他には，regarding, concerning, in regard to, with respect to などがあります。
cancel「解消する」「解約する」
without any conditions「なんらの条件なしに」「無条件で」一言では，

unconditionally です。
　consultation「協議」「相談」
　［訳例］
　第11条　許可の取得
　　仮に政府の承認または認可が，本契約書の実行の日から6か月以内に取得できないときは，本契約書が有効のまま存続するのか，なんらの条件なしに解消されるかに関する決定は，本契約書の当事者間で相互の協議により行われる。もし上記の決定が2か月以内にできないときは，本契約書は，なんらの条件なしで解約されるとみなされる。

Article 12.　Secrecy
(1) During the validity of this Agreement as well as for ten years after the expiry of the Agreement, Licensee shall undertake the obligation to keep confidential and secret any part or the whole information made available from Licensor in accordance with this Agreement and shall not disclose it to the third parties.
(2) The above obligation of Licensee shall exclude the information which had been possessed or published by Licensee before receipt of the Licensor's documentation.
　［語句解説］
　as well as「～も同様に」一言では，and の意味。
　confidential「秘密の」strictly confidential で「極秘の」。confident は「確信のある」「自信のある」これらの名詞形は confidence です。
　in accordance with「～に従い」
　exclude「除く」ex（外へ）＋clude（＝close 締め出す）が語源。clude は，ラテン語 clausus から出来ました。
　possess「所有する」名詞形は，possession。
　documentation「（証拠）書類提供」
　［訳例］
　第12条　秘密保持
　　(1)　本契約書の有効期間および本契約書の終了後10年間，ライセンシーは，本契約書にしたがいライセンサーから提供された情報の一部でも全部でも秘密に保持する義務を引き受ける。そしてそれを第

三者に開示しない。
(2) ライセンシーの上記の義務は，ライセンサーの書類提供を受領する前にライセンシーが所有していたり公表した情報は除かれる。

Article 13.　Force Majeure
(1) Neither Licensor nor Licensee shall be responsible for any failure in fulfillment of their obligations due to Acts of God, Governmental orders or restrictions, war, threat of war, warlike conditions, hostilities, sanctions, mobilization, blockage, embargo, revolution, riot, strike, lockout, plague, fire, flood, breakdown, accident or any other causes or circumstances beyond the control of both parties.
(2) When one party cannot perform its obligation owing to "force majeure," it shall immediately inform the other party of it by teletransmission and afterwards submit a document issued by the Chamber of Commerce or any other similar institute to certify such "force majeure" within a reasonably short period.

［語句解説］
force majeure [fɔ́ːrs mæʒə́ːr]「不可抗力」もともとフランス語で，majeure は英語の major に相当します。結局「（人の力が及ばない）大きな力」という意味です。

failure in fulfillment「遂行の失敗」

due to「〜による」

Acts of God「天災」原義は，「神のなせる業」。一神教では god は単数形。

sanction「制裁」他に，反対の意味の「許可」「批准」などの意味があります。

mobilization「動員」「戦時体制化」

blockage「封鎖」港や空港を封鎖することをいいます。昔ならば関所の封鎖というところです。

embargo「輸出禁制」一般にその国の国宝や貴重な品物などは輸出禁制品となります。

riot「騒乱」類似の用語には，civil commotion（暴動），insurrection（動乱）などがあります。

plague「疫病」
breakdown「故障」
teletransmission「電信」telex, facsimile, internet などをいいます。
afterwards「その後」
submit「提出する」
Chamber of Commerce「商業会議所」日本の場合は，Chamber of Commerce and Industry（商工会議所）です。

［訳例］
第13条　不可抗力
(1) ライセンサーもライセンシーも，天災，政府命令・制限，戦争，戦争の脅威，戦争状態，敵対行為，制裁，動員，封鎖，輸出禁制，革命，騒動，ストライキ，ロックアウト，疫病，火災，洪水，故障，事故または両当事者のいかんともしがたいその他の原因または状況による，一切の義務の不履行に対して，責任を負わない。
(2) 一方の当事者が，「不可抗力」により自分の義務を履行できないときは，電信でその旨を相手の当事者に直ちに通知し，その後それ相応の短期間内に，その「不可抗力」を証明するための，商業会議所または類似の機関が発行する書類を提出する。

Article 14.　Assignment
　Neither this Agreement nor any rights or obligations arising hereunder shall be assigned or transferred by either party.

［語句解説］
assignment「譲渡」この規定は，契約書の当事者が子会社や下請会社に契約書の全部または一部を譲渡するか否かを取り決める条項です。
assign and transfer「譲渡する」assign と transfer を区別する場合もありますが，この場合は両方とも「譲渡する」の意味です。

［訳例］
第14条　譲渡
　本契約書もそれに基づいて生じる権利義務も，いずれの当事者によっても譲渡してはならない。

Article 15.　Notice

　　Any notice or report required or permitted to be given to the other party under this Agreement by one of the parties shall be deemed to have been sufficiently given for all purposes hereof if airmailed, registered, postage prepaid, addressed to such party with its address indicated above or to such other address as will hereafter be furnished by such party by written notice.

［語句解説］

sufficiently「十分に」

airmail registered「書留航空郵便で送る」

postage prepaid「郵便料金前払いで」

hereafter「将来」「今後」いままでの here-は，this（agreement）でしたが，これだけは例外です。

［訳例］

第15条　通知

　　本契約書に基づいて一方の当事者から他の当事者に通知されることを要求されたり許可される一切の通知や報告は，上記に示された住所または将来その当事者により書面による通知によって供されるようなその他の住所宛に，郵便料金前払いで，書留航空郵便で送付されたならば，本契約書のすべての目的のために十分に送付されたとみなされる。

Article 16.　Arbitration

(1) All disputes which may arise in connection with this Agreement and its interpretation shall be settled in an amicable way between both parties.

(2) If the dispute cannot be resolved and settled in a friendly way, it will be finally settled by arbitration to be held in Japan in conformity with the Commercial Arbitration Rules of the Japan Commercial Arbitration Association. The award rendered by arbitration shall be final and binding upon the parties hereto.

［語句解説］

dispute「紛争」「論争」

in an amicable way「友好的方法で」後の in a friendly way も同じ。

Commercial Arbitration「商事仲裁」commercial は通常「商業の」と訳しますが，日本には既に「刑事」「民事」「商事」という言葉があるので，これに合わせています。

the Japan Commercial Arbitration Association「国際商事仲裁協会」これは直訳ではありません。日本国内に対しては，「国際」という言葉を使い，国際的窓口の印象を与え，英語では Japan の文字を使い，日本の窓口の印象を与えている，名訳の一つです。

award「裁定」仲裁によって出された決定をいいます。裁判の判決（decree, decision, finding）や陪審の評決（verdict）に相当します。

render「言い渡す」「与える」

［訳例］

第16条　仲裁
(1) 本契約書およびその解釈に関連して生じるすべての紛争は，両当事者間において友好的方法で解決する。
(2) もしその紛争が友好的方法で解決できないときは，国際商事仲裁協会の商事仲裁規則にのっとり日本で行われる仲裁により最終的に解決する。仲裁によって出された裁定は，最終的なものとし，両当事者を拘束する。

Article 17.　Governing Law

The formation, validity, construction, interpretation and performance of this Agreement shall be governed by the laws of Japan.

［語句解説］

construction「解釈」この動詞には，to construe（解釈する）と，to construct（建設する）の二つがあってしばしば誤解されていますが，ここでは当然前者です。

govern「準拠させる」「統治する」「左右する」

［訳例］

第17条　準拠法
　本契約書の成立，効力，解釈および履行は，日本法に準拠する。

Article 18.　Entire Agreement

　This Agreement sets forth the entire agreement and understanding between the parties as to the subject matter of this Agreement and merges and supersedes all prior discussions, agreements and understandings of any and every nature between them, and neither party shall be bound by any conditions, definitions, warranties or representations other than as expressly provided for in this Agreement, or as may be on a subsequent date duly set forth in writing and signed by a duly authorized officer of the party to be bound.

［語句解説］

subject matter「主題」

merge「併合する」「合併する」名詞形は，merger です。

supersede「～に取って代わる」「～の座を奪う」「～に優先する」

warranty「担保」他には「保証」「保証責任」「確約」とも言われています。語源的には，guaranty と同じです（Coffee break（10）参照）。

representation「表示」「主張」「説明」「申入れ」

expressly「明示的に」暗黙のうちにではなく，はっきりと言葉で表現することをいいます。反対は explicitly, impliedly（黙示的に）です。

on a subsequent day「後日」「後に続く日」

［訳例］

　第18条　完全合意

　本契約書は，本契約書の主題に関して当事者間の完全な合意と了解を定め，当事者間のいかなる種類のすべてのこれまでの協議，合意，了解を併合し，取って代わる。どちらの当事者も，本契約書において明示的に規定されるか，あるいは後日書面により適切に発表され，拘束されるべき当事者の適法に権限のある役員により署名される以外の条件，定義，担保，表示に拘束されない。

Article 19.　Severability

　If any provision, clause, or application of this Agreement is held unlawful or invalid by court or administrative decision, it shall be deemed severable, and such unlawfulness or invalidity shall not in any way affect any other provisions, clauses, or application of this Agreement which can be given effect without the unlawful or invalid provisions, clauses or application.

［語句解説］

held「判決される」

unlawful「違法」「不法の」

invalid「無効の」＝in＋valid

not in any way＝in no way「決して〜でない」

［訳例］

第19条　分離

　本契約書のいずれかの規定，条項，適用が，裁判所または行政部門の決定によって違法または無効と判決されても，それは別個とみなされ，非合法または無効の規定，条項，適用がなければ有効であることができる，本契約書のその他一切の規定，条項，適用になんら影響を与えない。

Article 20.　Term and Termination

　This agreement shall become effective on the day of approval by the Governments of both parties and shall continue to be effective for a period of ten (10) full years unless earlier terminated as provided for elsewhere in this Agreement. If neither of the parties gives three (3) months prior notice before the expiration date of this Agreement, then this Agreement shall be extended by the mutually agreed period, subject to the approval by the Governments of both parties.

　In the event that either party hereto fails to fulfill any of the provisions hereof to be performed, and if the default is not cured within thirty (30) days after the other party gives notice of such default, the party giving such notice shall have the right to terminate this Agreement any time thereafter, by giving written notice of such termination to the other party.

［語句解説］

term「期間」terms（条件）と区別する必要があります。

terminate「終了する」

prior notice「事前通知」

expiration date「期限終了日」
mutually「相互に」
cure「回復する」「治癒する」
thereafter = after that「その後」これまでも説明してきましたように，このような合成語の there- や here- には，場所の意味はありません。
written notice「書面による通知」書状による通知ではありません。notice in writing とも言えます。

［訳例］
第20条　期間および終了
　本契約書は，両当事者の政府の承認の日に発効し，本契約書の他の条項で定められたように事前に終了されない限り，正味10年の期間継続して有効とする。もし，いずれの当事者も，本契約書の期限終了日前3か月の事前通知をしなければ，本契約書は，両当事者の政府の承認を条件として，相互に合意された期間だけ延長する。
　本契約書のいずれかの当事者が，履行すべき本契約書の条項のいずれでも実行し損なった場合で，もし不履行が，相手の当事者がその不履行の通知を送付してから30日以内に回復されないときは，その通知を送付した当事者は，相手の当事者にその終了の旨の書面による通知をすることによって，その後いつでも本契約書を終了する権利を有する。

Article 21.　Interpretation
　This Agreement is executed in two (2) counterparts in the English language, but which together constitute one and the same instrument. No translation into Japanese or any other language shall be considered in the interpretation hereof.

［語句解説］
execute [éksəkjùːt]「（契約書を）作成する」
constitute「構成する」
one and the same「全く同一の」「一つにして同じもの」
instrument「文書」他には，「機器」「楽器」「手段」など色々な意味があります。

[訳例]
第21条　解釈
　本契約書は，英語で二通作成されるが，それらは共に全く同一の文書を構成する。日本語またはその他の言語への翻訳は，本契約書の解釈においては考慮されない。

Article 22.　Article Title
　The headings to the Articles of this Agreement have been inserted only to facilitate reference and shall not be taken as being of any significance whatsoever in the construction or interpretation of this Agreement.
[語句解説]
heading「見出し」「表題」
facilitate「容易にする」
reference「参照」他には「参照事項」「言及」「問合せ先」「身元引受人」などの意味があります。
not of any significance = of no significance = not significant「意義がない」
[訳例]
第22条　条項の見出し
　本契約書の条項の見出しは，単に参照を容易にするために挿入されたものであり，本契約書の成立にも解釈においても，なんら意義があるとはみなされない。

　IN WITNESS WHEREOF, the parties hereto have caused this Agreement to be executed by their duly authorized officers or representatives on the day and year first above written.
[語句解説]
in witness whereof「上記の証として」witness は「証」他には「証人」「目撃者」「連署人」「証拠物件」などの意味があります。whereof = of which「上記の」この where-には場所の意味はありません。先行詞は，上記の文章全部となります。
cause this Agreement to be executed「本契約書を作成せしめる」実際

には「本契約書を調印・締結する」という意味です。
　［訳例］
　　以上の証として，本契約書の当事者は，冒頭記載の年月日に適法に権限をもつ役員または代表者により本契約書を作成した。

　　ABC Co., Ltd.　　　　　　　　　XYZ Co., Inc.
　　　By _____　　　　By _____
　　　　President　　　　　　　　　　President

（訳省略）

＊本契約書は，実際の契約書を加筆修正したものです。

(5) 合弁事業契約書

　合弁事業は，共同で事業を営む企業体の形態ですが，合弁という言葉は多義に用いられており，実際には明確な定義をするのは困難です。合弁事業契約は，合弁の資本・組織・運営に関する当事者間の契約であるということができます。

a）合弁契約の動機

　特に企業が海外進出をしようとする場合，単独で進出するのか他社と組んで合弁方式をとるのか選択に迫られることがあります。合弁方式で進出する場合の動機には次のようなものがあります。

(1) 大きな資金の調達の必要があり，かつ損失がでた場合のリスクを分散したい場合。
(2) 現地政府の各種の恩典を利用するため，現地のパートナーと組みたい場合。
(3) 現地政府の国有化ないし民族資本化の傾向を牽制するため多国籍の複数の会社と事業を行いたい場合。
(4) 自社の得意分野と他社の得意分野と組み合わせたい場合。

　ただし，次のような短所もあるので選択のときに考慮しなければなりません。

(1) 経営方針について相手方と意見の調整が必要となります。
(2) 合弁事業の経営権がなくなり拒否権だけを持つことになったり，逆に拒否権がなくなり経営権だけをもつようになったりすることがあります。
(3) 経営方針の変更または撤退などで機敏な動きがとれません。
(4) 合弁事業に提供する技術・ノウハウ・秘密などが漏れやすい。

b）合弁事業契約の分類

　合弁事業契約を組織形態から分類してみると次のようになります。

(1) 会社形態（incorporated joint venture）
　　これは，株式会社，有限会社，合名会社，合資会社に分かれます。
(2) 非会社形態（unincorporated joint venture）
　　これには狭義のジョイントベンチャーとパートナーシップとがあります。狭義のジョイントベンチャーとは，共同で特定の事業を遂行するため契約関係によって連帯責任を負い共同事業への支払，利益および損失をあらかじめ定めた割合で分け合う形態です。コンソーシアム

(consortium)との違いは，コンソーシアムは，共同受注者が発注者に対して連帯責任を負いますが，各々が自己の費用と責任で業務を遂行し，損益の分配を行わない点です。パートナーシップ(partnership)とは，営利の目的で事業を共有者として運営する2人以上の集合体です。日本民法上の組合であるパートナーシップには法人格が付与されていません。パートナーシップには，パートナー全員が無限責任を負う general partnership と無限責任を負うパートナーと有限責任しか負わないパートナーからなる limited partnership とがあります。

合弁契約の形態には上記のような形態がありますが，次の点を考慮してどの形態をとるのか決定されます。

(1) 株または持分の譲渡制限または禁止の有効性
(2) 政府当局による監督の有無およびその内容
(3) 会社の設立・運営および解散・清算のしやすさ
(4) 法律上の諸規制からの解放
(5) 現地税法上の利害得失
(6) 合弁事業により生産される物への支配権の確保

c） 当事者の役割

合弁事業の各当事者の役割としては，次のようなものがあります。

(1) 現地政府からの許認可の取得
(2) 土地の調達および建物の建設
(3) 機械および原材料の調達
(4) 技術援助および労働者の訓練
(5) 製品の販売
(6) 資金調達
(7) 損失の分担
(8) 当事者の協議を要する事項の取決め
(9) 競業の制限または禁止

d） 合弁会社の態様

以下特に会社形態について述べます。特に海外へ合弁会社で進出する場合，次のような諸態様があります。

(1) 合弁会社が進出企業から技術供与を受け，自ら製造販売を行う場合
(2) 合弁会社が進出企業から技術供与を受け製造を行うが，販売については契約両当事者の一方または双方の援助によって行う場合

(3) 合弁会社は進出企業から技術供与を受けるが，製造は専らパートナーに対し下請発注する揚合
 (4) 合弁会社は進出企業からの技術供与を受ける窓口になり，製造も販売もすべてパートナーに委ねる場合
 (5) 技術供与は進出企業から直接パートナーに対して行われ，合弁会社は販売の窓口となる場合

e) 合弁基本契約と付随契約

　合弁会社契約の基本的な事項を取り決めた契約は合弁基本契約（Basic Agreement）と呼ばれます。この合弁基本契約に基づいて親会社間あるいは親会社と合弁会社との間で次のようないくつかの関連契約が結ばれます。技術援助契約，経営援助契約，一手代理店契約，売買契約，土地購入契約，建物建設契約，機械設備購入契約，原材料購入契約などです。このようにして合弁基本契約は，これらの付随契約によって補完され，親会社の組合せも技術力に長じた会社と販売に強い会社，あるいは原材料資源を確保している会社と経営管理力のある会社との組合せなど相互に補完している例がかなり多いです。

　合弁会社を設立する前に基本契約書を締結しますが，その大要は次の通りです。

　表題，②前文，③定義，④新会社の設立，定款，出資，⑤新会社の運営（取締役会，役員，株主総会，取締役・役員の選出，会計・報告，配当金の支払），⑥新会社の業務（製造と販売，技術援助契約，財務），⑦新株引受権と株の譲渡制限，⑧秘密保持・競業禁止，⑨期間と終了，⑩その他の一般事項（完全合意，準拠法，使用言語，通知，紛争解決方法，当事者の破産・違反など），⑪結語

　合弁会社設立にまず必要なものは定款（Articles）であり，①会社の商号，②会社の住所，③会社の目的，④会社の資本，⑥株主の有限責任制などを決めます。

　日本では単一定款制ですが，英米法系の国では，基本定款（Articles of Incorporation〈米法〉，Memorandum of Association〈英法〉）と付随定款（Bylaws〈米法〉，Articles of Association〈英法〉）からなる複数定款制をとります。また合弁会社設立にあたり，合弁会社が設立される国の法律および親会社の法律，たとえば，独占禁止法，外資法，会社法，税法，労働法などについても検討する必要があります。（＊）

次は合弁基本契約の例です。

表題・前文
＜一般条項＞
　第1条　定義
＜実質条項＞
　第2条　新会社の設立（Establishment）
　第3条　新会社の経営（Management）
　第4条　株の譲渡（Transfer of Stocks）
　第5条　契約当事者の役割（Role of Contracting Parties）
　第6条　費用（Expenses）
　第7条　技術援助（Technical Assistance）
　第8条　商標の使用（Use of Trademark）
　第9条　原材料の供給（Supply of Raw Materials）
　第10条　製品の販売（Sales of Products）
　第11条　資金調達（Financing）
　第12条　政府の承認と保護措置（Government Approvals and Protective Measures）
　第13条　非公開（Non-Disclosure）
＜一般条項＞
　第14条　完全合意（Entire Agreement）・準拠法（Governing Law）・追加（Supplements）・不可抗力（Force Majeure）・紛争解決（Settlement of Disputes）・発効日と契約期間（Effective Date and Term）・使用言語および契約書保持（Language and Retention of Contract）・新会社内問題解決の準拠法（Applicable Law to Settle Disputes inside the New Company）・通知（Notice）
後文・署名

（＊）沢田寿夫編『国際取引ハンドブック』（有斐閣），川上弘「合弁会社」土井輝夫編『国際契約ハンドブック』（同文館），大須・淵本『国際契約の手引き』（日経新聞社）などを参考にしました。

JOINT VENTURE AGREEMENT

THIS AGREEMENT, made and entered into on the 20th day of October, 20-- by and between: A Co., Ltd. duly organized and existing under the laws of Japan with its registered main office at Nakahara-ku, Kawasaki, Japan (hereinafter referred to as A), and B Co., Ltd. duly organized and existing under the laws of Singapore with its registered main office at Orchard Street, Singapore (hereinafter referred to as B)
WITNESSETH:

[訳例]

日本法に基づき正式に設立存続し，登録上の主たる営業所を日本国川崎市中原区に有するA株式会社（以下Aと称する）とシンガポール法に基づき正式に設立存続し，登録上の主たる営業所をシンガポール市オーチャード通りに有するB株式会社（以下Bと称する）により，両社の間で20--年10月20日に締結された本契約書は，以下のことを証する。

WHEREAS, A and B are desirous of establishing a Limited Company to be operated under and by virtue of the laws of Singapore, through mutual confidence and for mutual profit; and

WHEREAS, the Limited Company to be established is planning to obtain a promotion certificate under the Foreign Investment Act, by which it is guaranteed the protective measures from the Government of Singapore.

NOW THEREFORE, the parties to THIS AGREEMENT agree as follows:

[訳例]

AとBは，シンガポールの法律に基づき，相互の信頼を通して，かつ相互の利益のために，運営される株式会社を設立したいと希望している。

設立されるべき株式会社は，それによってシンガポール政府から保護措置を保証されている外国投資法に基づく振興証を取得することを計画している。

そこで本契約書の両当事者は，以下のように合意する。

Article 1. Definitions
(第1条　定義)
　In THIS AGREEMENT the following words and expressions have the following meanings:
(1) The Products shall mean...
(2) The NEW COMPANY shall mean...
［訳例］
本契約書においては，以下の用語・表現は以下の意味を有する。
「製品」とは，〜を意味する。
「新会社」とは，〜を意味する。

Article 2. Establishment
(第2条　新会社の設立)
2.1
　A and B shall jointly establish, in accordance with the purport of the WHEREAS clauses, a Limited Company under and by virtue of the laws of Singapore (hereinafter referred to as the NEW COMPANY), for the purposes:
(1) To manufacture the Products in collaboration between A and B in Singapore
(2) To sell the Products manufactured by the NEW COMPANY in Singapore
(3) To export the Products from Singapore to Japan and other countries
［訳例］
　AとBは，上記説明条項の趣旨に従い，以下の目的のため，シンガポールの法律に基づく株式会社（以下 the NEW COMPANY と称する）を共同で設立する。
　(1)　シンガポールにおいてAとBの協働により「製品」を製造すること
　(2)　「製品」をシンガポールにおいて販売すること
　(3)　「製品」をシンガポールから日本およびその他の諸国に輸出すること

2.2
　The main office of the NEW COMPANY shall be located in Singapore.

[訳例]
新会社の主たる営業所をシンガポールに置く。

2.3
　The stocks to be issued at the time of the establishment of the NEW COMPANY shall be One Hundred Thousand (100,000) common stocks of One Thousand Japanese Yen (JY1,000.00) each at par value. The above-mentioned stocks of the NEW COMPANY shall be subscribed for and paid for in full in cash by A and B respectively according to the following allocation.
　A: 60,000 Stocks
　B: 40,000 Stocks
　The date of payment shall be decided by mutual consultation among the parties to THIS AGREEMENT within sixty (60) days after the date of the license issued by the Government of Singapore concerning the subscription of foreign securities.

[語句解説]
stock「株」「株式」これはアメリカ用法。イギリス用法は share です。
at par value「額面価格で」
subscribe「(株を記名して) 引き受ける」「出資する」

[訳例]
新会社の設立時に発行される株は，各額面で 1,000 日本円の 10 万普通株とする。上記で述べられた新会社の株は，以下の割当に従ってそれぞれ A と B によって引き受けられ，現金で全額支払われる。
　A　60,000 株
　B　40,000 株
　支払期日は，外貨証券応募に関するシンガポール政府によって発行された認可の日付後 60 日以内に本契約書の両当事者の間の相互の協議に基づいて決定される。

2.4
　The corporate name of the NEW COMPANY shall be C Co., Ltd.

[訳例]
新会社の法人名は，C株式会社とする。

Article 3.　Management
（第3条　新会社の経営）
3.1
　The Board of Directors of the NEW COMPANY shall consist of Ten (10) Directors, of whom Six (6) shall be nominated by A and Four (4) by B. Of the above-mentioned number of Directors, Five (5) shall be fulltime Executive Directors and Five (5) shall be part-time Directors. Nomination of Directors shall be made by resolution of a General Meeting of Stockholders. The Executive Directors shall execute the general activities of the NEW COMPANY. The Directors shall not be engaged in any business competitive with THE NEW COMPANY.

[語句解説]
Board of Directors「取締役会」
nominate「指名する」「任命する」
resolution「決議」
General Meeting of Stockholders「株主総会」イギリス式は，General Meeting of Shareholders。
execute [éksəkjùːt]「執行する」他に「（契約書を）作成する」という意味もあります。

[訳例]
新会社の取締役会は10人の取締役から構成される。その内6人はAから指名され，4人はBから指名される。上記10人の取締役の内，5人は常勤取締役とし5人は非常勤取締役とする。取締役の任命は，株主総会の決議によってなされる。常勤取締役は新会社の事業全般を執行する。取締役は，新会社と競合する一切の事業に従事してはならない。

3.2
　One (1) Director President, One (1) Director Vice-President, and Three (3) Managing Directors shall constitute the Executive Directors of the NEW COMPANY. The Director President and Two (2) Managing

Directors shall be nominated by A. The Director Vice-President and One (1) Managing Director shall be nominated by B. The Director President shall be Chairman of the Board of Directors.

［語句解説］

Director Vice-President「取締役副社長」

Managing Director「専務取締役」

Chairman「議長」普通 chairman (of board of directors) は「会長」ですが，文脈から議長となります。

［訳例］

1人の取締役社長，1人の取締役副社長，3人の専務取締役が新会社の常勤取締役となる。取締役社長と2人の専務取締役はAにより指名され，取締役副社長と1人の専務取締役はBにより指名される。取締役社長が取締役会の議長を務める。

3.3

The Director President shall convene a Meeting of the Board of Directors on his own initiative or at the request of other Directors. In the event that the Director President is unable to convene and attend the Meeting, the other Directors shall convene the Meeting and/or take the chair in the order decided from time to time by the Board.

［語句解説］

convene [kənvíːn]「（会議を）招集する」

［訳例］

取締役社長が自己の主導により，または他の取締役の要請により，取締役会を招集する。取締役社長が取締役会を招集も出席もできない場合は，その他の取締役が招集し，その時々により取締役会により決定された順序で議長を務める。

3.4

All business administration of the NEW COMPANY shall be decided by the Board of Directors, provided, however, that this shall not apply to the matters stipulated in Article 3.11.

［訳例］
新会社のすべての企業経営は，取締役会によって決定される。ただし，本条項は3条11項に規定された内容には適用しない。

3.5

A resolution of the Board of Directors shall be adopted by a majority of the Directors present. The number of Directors present must, however, not be less than half of the total number of Directors. In case for and against are equally divided, such resolution shall be subject to the decision of the Chairman of the Board of Directors.

［語句解説］

majority「大多数」「過半数」。「過半数」をもっとはっきり表す用語には，great majority があります。

for and against「賛否」for は「賛成している」，against は「反対している」。ラテン語を使い，pro and con ともいいます。

［訳例］
取締役会の決議は，出席取締役の多数決により採択される。しかしながら出席取締役の人数は，取締役全数の半数以上でなければならない。賛否が同数に分かれた場合には，その決議は，取締役会の議長の決定に従う。

3.6

There shall be Executive Directors' Meetings in the NEW COMPANY. An Executive Directors' Meeting shall be held whenever deemed necessary and shall decide the general activities of the NEW COMPANY.

［訳例］
常勤取締役会は，新会社の中に備えられる。常勤取締役会は，必要とみなされる時はいつでも開催され，新会社の事業全般を決定する。

3.7

The Director President, Director Vice-President and Three (3) Managing Directors as stipulated in Article 3.2 of this Agreement shall represent the NEW COMPANY, provided that checks, and important contracts shall be subject to the joint signature of two representative

Directors who are respectively nominated by A and B.
［訳例］

本章3条2項に規定された取締役社長，取締役副社長および3人の専務取締役は，新会社を代表する。ただし，小切手に関する件，重要な契約書は，それぞれAおよびBによって指名された2人の代表取締役の共同署名がなければならない。

3.8
No Director of the NEW COMPANY shall hold any additional post of director at any other company doing the same nature of business as the NEW COMPANY in Singapore, unless approved by the General Meeting of Stockholders. Any Director of the NEW COMPANY who intends to effect any business transactions with the NEW COMPANY, on his own behalf or on behalf of a third person, shall show all the material facts in connection with the said transactions at the General Meeting of Stockholders to obtain approval therefor.

The approval mentioned in the preceding paragraph shall be made by a majority of two-thirds of the total number of the issued stocks. The provisions of this Article shall not affect any post held by Directors of the NEW COMPANY before the signing of THIS AGREEMENT.
［訳例］

新会社のどの取締役も，シンガポールにおいて新会社と同種の事業を行う他の会社の取締役を兼任してはならない。ただし，株主総会の承認を得た場合はその限りではない。自分自身のため，または第三者のために新会社と取引を行うことを意図する，新会社のどの取締役も，その承認を得るために株主総会において上記の取引に関するすべての重要な事実を説明しなければならない。

前段落で言及した承認は，発行株式数の3分の2の多数をもってなされる。本条項の規定は，本契約書の署名前の新会社の取締役が保持する地位に影響を及ぼさない。

3.9
A General Meeting of Stockholders shall be convened by the Board of

Directors and held at least once a year in the month of October. An Extraordinary Meeting of Stockholders, however, may be convened by the Board of Directors whenever deemed necessary.
［訳例］
株主総会は，取締役会によって招集され，年に少なくとも1回10月に開催される。しかし臨時株主総会は，必要と思われる時はいつでも，取締役会により招集することができる。

3.10

All resolutions of a General Meeting of Stockholders of the NEW COMPANY shall be adopted by voting. Each Stockholder of the NEW COMPANY shall be entitled to one voting right per each of stocks of the NEW COMPANY owned by him or her.
［語句解説］
voting「投票」「選挙」
［訳例］
新会社の株主総会のすべての決議は投票により採択される。新会社の各株主は，その人が所有する株の1株につき1票の投票権を有する。

3.11

Important matters concerning the organization and management of the NEW COMPANY shall be presented to the General Meeting of Stockholders. Such matters as the following shall be resolved by extraordinary resolution to be approved by a majority of two-thirds of the total number of votes representing the total number of the issued stocks:
(1) Changes in business lines
(2) Increase or decrease of capital
(3) Issuance of stocks other than common par-value stocks
(4) Issuance of debentures
(5) Transfer of business and/or all or an important part of the assets
(6) Investment in other firms, or appropriation of profit or loss arising from such investment
(7) Offering shares for sale to a person or persons other than the original

parties
(8) Decision on dividends
(9) Dissolution and/or amalgamation
(10) Matters decided by the Board of Directors which are deemed so important as may affect the financial and business position

［語句解説］

common par-value stock「普通額面株」株券に額面額を記載した普通の株式。

debenture「社債」「国債」「借入証明書」

dividend「配当」元は to divide「分ける」。

amalgamation「合併」他には merger などがあります。

［訳例］

新会社の組織および経営に関する重要事項は，株主総会に提出されなければならない。

以下のような事項は，発行株の総数を代表する投票総数の3分の2の多数により採択される特別決議により決定される。

(1) 業種の変更
(2) 資本の増減
(3) 普通額面株以外の株の発行
(4) 社債の発行
(5) 営業および／または資産の全部あるいは一部の譲渡
(6) 他社への投資，またはそのような投資により生じた利益あるいは損失
(7) 最初の当事者以外の人・会社への株の売却をオファーすること
(8) 配当金に関する決定
(9) 解散および／または合併
(10) 取締役会が，財務または業務の形勢に影響を与えるほど重要とみなされると決定した事項

3.12

One (1) auditor shall be nominated for the NEW COMPANY, by the mutual consent of the parties to THIS AGREEMENT.

［語句解説］
auditor「監査役」「会計監査官」
［訳例］
本契約書の当事者の相互の合意により，監査役が1人新会社のために任命される。

3.13
　In the event that a decision is taken to increase the capital of the NEW COMPANY, as stipulated in Article 3.11, the new stocks shall be offered first to stockholders of the NEW COMPANY who were the stockholders at the time of incorporation, pro rata to their respective holdings.

　If any of the stockholders concerned should reject to subscribe for the offered new stocks, wholly or partly, any remaining stockholders who were not the stockholders at the time of incorporation may subscribe for part of the new stocks. The new stocks subscribed for shall be paid for by the stockholders who get an allotment within ninety (90) days after the offering, provided that if a license from the Government of Singapore is prerequisite for payment by A, and if such license is not granted within ninety (90) days after the offering of the new stocks, B may postpone any payment for its new stocks until the payment by A is made.

［語句解説］
incorporation「法人設立」「会社設立」
pro rata to「～に比例して」＝in proportion to
precondition「必須条件」
prerequisite「必要条件」「前提条件」
［訳例］
　3条11項に規定されているように，新会社の増資が決定される場合には，新株は，法人設立の時に株主であった新会社の株主に，それぞれの持ち分の割合で最初にオファーされる。

　もし関係株主の誰でも，全部であれ一部であれ，オファーされた新株の引受を拒否する場合には，法人設立の時に株主でなかった残りの株主が新株式を引き受けることができる。引き受けられた新株は，オファー後90日以内に割当を得た株主により支払われる。ただしシンガポール政府の許

認可がＡによる支払を必須条件とする場合，もしシンガポール政府の許認可が新株のオファー後90日以内に下りなければ，ＢはＡの払込がなされるまで自分の新株の払込を延期することができる。

3.14

The fiscal year of the NEW COMPANY shall start on January 1st and end on December 31st. Dividends shall be paid only after a resolution therefor is made at the Annual General Meeting, and no intermediate dividend shall be paid.

［語句解説］

fiscal year「会計年度」

therefor「そのために」＝for that。therefore「従って」ではありません。

［訳例］

新会社の会計年度は，1月1日に始まり，12月31日で終了する。配当は，そのための決議が年次総会においてなされた後にのみ支払われる。そして年度途中の配当は，支払われない。

3.15

Other matters concerning the management of the NEW COMPANY shall be stipulated in the Articles of Incorporation and Bylaws and in other rules of the NEW COMPANY to be agreed upon and prepared separately by and between the parties to THIS AGREEMENT in conformity with the provisions of THIS AGREEMENT.

［語句解説］

Articles of Incorporation「基本定款」（米）。Memorandum of Association（英）と同じです。

Bylaws「付随定款」（米）。Articles of Association（英）と同じです。上と合わせて「定款」といいます。

［訳例］

新会社の経営に関するその他の事項は，定款の中でおよび本契約書の規定に従って本契約書の当事者により両者の間で合意され別途用意される新会社の他の規則の中で規定される。

Article 4. Transfer of Stocks
(第4条　株の譲渡)

4.1

A transfer of stocks shall be made only in the following cases:
(1) If either A or B wishes to transfer all or a part of the stocks of its holding, only the other stockholder shall have a priority to obtain the said stocks by transfer.
(2) Only if the other stockholder waives its right wholly or partly, person(s) other than the stockholders of the NEW COMPANY shall have the right to obtain the said stocks by transfer.

［語句解説］

waive「放棄する」名詞形は waiver です。

［訳例］

株の譲渡は，以下の場合にのみ行われる。
(1)　もしＡもしくはＢが自己の持ち分の株の全部または一部を譲渡したい場合には，相手方の株主のみが，譲渡により上記株を獲得する優先権を有する。
(2)　もし相手方の株主が，その権利の全部または一部を放棄する場合にのみ，新会社の株主以外の他の人が譲渡により上記の株を獲得する権利を得る。

4.2

The parties to THIS AGREEMENT shall not pledge their stocks.

［訳例］

本契約書の当事者は，自分の株を抵当にいれない。

4.3

The transfer price of the stocks between the parties to THIS AGREEMENT shall be the par value of the stocks or the value according to the Balance Sheet of the NEW COMPANY of the previous year.

［語句解説］

par value「額面価額」＝face value
Balance Sheet「貸借対照表」Income Statement; Profit and Loss

Statement「損益計算書」とならんで Financial Statements「財務諸表」の一つ。

［訳例］

本契約書の両当事者間の株の譲渡価格は，株の額面価額または前年度の新会社の貸借対照表による価額である。

Article 5. Role of Contracting Parties
（第5条　契約当事者の役割）

5.1

A and B shall give their respective assistance to the NEW COMPANY according to their roles as stipulated in the provisions of Articles 5.2 through 5.4 so that the NEW COMPANY may be enabled to operate its business by itself.

［訳例］

AとBは，新会社が自立して企業を運営できるように，5条2項から5条4項までの条項に規定されているその役割に従いそれぞれの援助を新会社に供給する。

5.2

A shall supply the NEW COMPANY with technical know-how regarding the basic designs and specifications of the factory building or buildings, processes of production, selection and layout of machines and machinery, the operation of machinery and equipment, and technical assistance regarding the training of the operating personnel of the factory etc., which are deemed necessary for the operation.

［語句解説］

personnel「人員」（集合的）「人事課」

［訳例］

Aは，工場の基本設計と仕様・生産の工程・機械と機械類の選択と配置・機械類と機器類の操作に関する専門的ノウハウ，および操作に必要と思われる工場の操作人員の訓練に関する技術援助を新会社に提供する。

5.3

　B shall provide the NEW COMPANY with every necessary assistance so that the NEW COMPANY is enabled to secure the land site, power and water supplies and all other utilities as well as local personnel suited for the execution of business and all other facilities which may be useful for the operation of the NEW COMPANY.

［語句解説］

utilities「公益事業」「有用」「有益なもの」非常に訳しづらい用語ですが，ここでは具体的に「電気・水道・ガス」などとしておきました。

［訳例］

Bは，新会社が土地，電気・水道・ガスなどの供給および業務の実行に適した現地の人員ならびに新会社の運営に役に立つその他の設備を確保できるように，新会社にすべての必要な援助を供給する。

5.4

　A shall supply the NEW COMPANY with its knowledge and experience in regard to workers' job ratings, and shall undertake the business of accounting and sales for the NEW COMPANY.

［訳例］

Aは，労働者の仕事の格付けに関する知識と経験を新会社に提供し，新会社のための会計および販売の業務を引き受ける。

Article 6.　Expenses
（第6条　費用）

　All expenses paid by A or B respectively to the benefit of the NEW COMPANY with the approval of the other party to THIS AGREEMENT such as the expenses required for the survey mission for the construction of a factory, shall be refunded by the NEW COMPANY upon its incorporation.

［語句解説］

respectively「それぞれ」each とほぼ同じです。

［訳例］

本契約書の相手方の当事者の承認を得て，新会社のためにそれぞれA

またはBによって支払われたすべての費用は，法人設立時に返還される。この費用には工場建設の調査団のために必要な費用が含まれる。

Article 7. Technical Assistance
（第7条　技術援助）
7.1

Under Article 5.2 of THIS AGREEMENT, A shall give the NEW COMPANY the technical assistance shown in Exhibits P and Q.
［訳例］
本契約書の5条2項に基づき，Aは添付書類PおよびQに示された技術援助を新会社に提供する。

7.2

A shall dispatch to the NEW COMPANY for giving technical assistance as stipulated in the Article 5.2, three (3) senior engineers, ten (10) engineers, and twenty (20) foremen, totaling thirty-three (33) personnel, provided, however, the above number of personnel may be increased or decreased when A recognizes such necessity or at the request of the NEW COMPANY.
［語句解説］
foreman「職長」工場などで一つの職場の長。実際には「グループ長」「リーダー」などとも呼ばれます。

at the request of「～の要請により」
［訳例］
Aは，5条2項に規定されているような技術援助を提供するために，3人の上級技術者，10人の技術者，20人の職長，合計33人の人員を派遣する。ただし，上記の人員は，Aが必要と認めた時または新会社の要請により増減することができる。

7.3

A shall make efforts to see that the local employees may take charge of the productive operation of the NEW COMPANY as early as possible. The number of engineers and foremen dispatched and stationed by A to the NEW COMPANY as stipulated in the Article 7.2 shall be decreased gradually in accordance with the extent of technical proficiency acquired by the local employees, or with the consent of the NEW COMPANY.

［語句解説］

station「配置する」

［訳例］

Aは，現地の従業員ができるだけ早く新会社の生産操業の責任を取れるよう配慮する努力をする。7条2項で規定されたようにAから新会社に派遣され配置された技術者および職長の人数は，現地の従業員の技術の修得の程度に従い，または新会社の合意により，段階的に減少する。

7.4

The NEW COMPANY shall pay to A 30,000,000 Japanese Yen in net as the technical assistance fee for technical assistance as stipulated in Article 7.1. The said technical assistance fee shall be paid three (3) equal consecutive annual installments, commencing from the first fiscal year after the NEW COMPANY has commenced to be engaged in production and sales of its products. Each installment shall be paid in the period not later than two (2) months after the end of the respective fiscal year.

［語句解説］

installments「分割払い」単数は分割払いの1回分。

［訳例］

新会社は，Aに対して7条1項に規定されているような技術援助のための技術援助費として日本円で正味3,000万円支払う。上記の技術援助費は，新会社が生産および製品の販売に従事し始めた後の最初の会計年度から始めて連続して3回の分割払いで毎年支払われる。各分割払いは，各会計年度の終了後2ヶ月までの期間に支払われる。

7.5

The NEW COMPANY shall pay, besides the technical assistance fee as stipulated in the Article 7.4, the following amounts in Singaporean Dollars to the engineers and foremen dispatched to the NEW COMPANY by A under Article 7.2.

(1) Salaries (including bonus)
   1. For each senior engineer, 1,600 Singaporean Dollars per month,
   2. For each engineer, 1,300 Singaporean Dollars per month.
   3. For each foreman, 1,000 Singaporean Dollars per month.
      (a) These payments shall be net. All the taxes, levies, charges, etc. imposed on the above payments by the Government of Singapore shall be borne and paid by the NEW COMPANY.
      (a) These payments shall be made for the entire period from the date when respective engineers and foremen leave their regular place of employment in Japan to the date of their return thereto. A fraction less than one month shall be paid at the daily rate.
(2) Dwelling expenses.
(3) Travelling expenses, both to and from Japan, for engineers, foremen and their families.

[語句解説]
thereto「そこへ」= to that *or* that place
fraction「端数」「断片」「小部分」

[訳例]
新会社は，7条4項に規定されているような技術援助費の他に，7条2項に基づきAから新会社に派遣される技術者および職長に対して以下のような金額をシンガポール・ドルで支払う。
(1) 月給（ボーナスを含む）
  1. 上級技術者：1,600シンガポール・ドル／月
  2. 技術者：1,300シンガポール・ドル／月
  3. 職長：1,000シンガポール・ドル／月
    (a) 上記の支払は，正味である。シンガポール政府により上記の支払に課せられるすべての税金，課税，費用などは新会社により負担され，支払われる。
    (b) これらの支払は，各技術者および職長が日本の通常の雇用場所を離れた時から，その場所に戻るまでのすべての期間に対して行われる。1か月に満たない端数は，日割りで支払われる。
(2) 住居費
(3) 技術者，職長およびその家族が日本―シンガポール間を往復する旅

費

7.6
(1) The NEW COMPANY shall effect accident insurance for 1,000,000 Singaporean Dollars in favor of each of the said engineers and foremen effective for so long as they are on duty with the NEW COMPANY.
(2) In case engineers and foremen dispatched from A should sustain personal injury or suffer from disease during their stay in Singapore, not covered by the preceding paragraph (1), the NEW COMPANY shall supply them with necessary medical treatment at the expense of the NEW COMPANY or bear the necessary expenses for their medical treatment.

[語句解説]
medical treatment「医科治療」
[訳例]
(1) 新会社は，上記の技術者および職長のため，彼らの新会社に任務の期間有効な100万シンガポール・ドルの傷害保険を掛ける。
(2) 前項(1)により付保されないもので，Aから派遣された技術者および職長がシンガポールに滞在中に身体的怪我をしたり病気を患ったりした場合には，新会社は新会社の費用で必要な医科治療を提供し，その医科治療の必要費用を負担する。

7.7

In addition to the personnel mentioned in Article 7.2 of THIS AGREEMENT, at the request of the NEW COMPANY, A shall dispatch to the NEW COMPANY personnel necessary for the management of the NEW COMPANY. The NEW COMPANY shall pay to the said personnel the following amounts in Singaporean Dollars according to their positions in the original offices of A.
(1) Salaries (including bonus)
　1. For a director or a department manager, 2,000 Singaporean Dollars per month.
　2. For a manager, 1,600 Singaporean Dollars per month.

3. For a chief of group, 1,300 Singaporean Dollars per month.

4. For each other staff member, 1,000 Singaporean Dollars per month.

   (a) These payments shall be net. All the taxes, levies and charges, etc. imposed on the above payments by the Government of Singapore shall be borne and paid by the NEW COMPANY.

   (b) The stipulation of Article 7.5(1)(b) shall apply to the period of payment of the salaries.

(2) Dwelling expenses.

(3) Travelling expenses, both to and from Japan for personnel and their families.

The provisions of Article 7.6 shall apply to personnel to be dispatched to the NEW COMPANY from A under this Article.

［訳例］

本契約書の7条2項に規定されている人員に加えて，新会社の要請により，Aは新会社の経営に必要な人員を派遣する。新会社は，Aの元来の営業所の職位に従い，その人員に以下のようなシンガポール・ドルの金額を支払う。

(1) 月給（ボーナスを含む）

1. 取締役および部長：2,000 シンガポール・ドル／月

2. 課長：1,600 シンガポール・ドル／月

3. 係長：1,300 シンガポール・ドル／月

4. その他の人員：1,000 シンガポール・ドル／月

   (a) 上記の支払は，正味である。シンガポール政府により上記の支払に課せられるすべての税金，課税，費用などは新会社により負担され，支払われる。

   (b) 7条5項(1)(b)が，上記の月給の支払期間に適用される。

(2) 住居費

(3) 人員およびその家族が日本―シンガポール間を往復する旅費

   7条6項の規定が，本条項に基づきAから新会社に派遣される人員に対しても適用される。

Article 8. Use of Trademark
(第8条　商標の使用)

8.1

　A shall permit the NEW COMPANY without any compensation to use A's trademark, which A has registered in Singapore, under the conditions prescribed below.

(1) The said trademark shall be used only for the products of the NEW COMPANY.
(2) The quality of the products, on which the said trademark is used, shall be worthy of it.

［語句解説］

worthy of「～にふさわしい」「～の価値がある」

［訳例］

Aは，下記に規定された条件に基づき，Aがシンガポールにおいて登録してあるAの商標の使用を無償で新会社に許可する。

(1)　上記の商標は，新会社の製品にのみ使用される。
(2)　上記の商標が使用される製品の品質はそれにふさわしいものである。

8.2

　The use of A's said trademark and the quality standard of products shall be subject to the stipulations of "TRADEMARK AGREEMENT" to be concluded separately between the NEW COMPANY and A.

［訳例］

上記Aの商標の使用および製品の品質標準は，新会社とAの間に個別に締結される「商標契約書」に従う。

Article 9. Supply of Raw Materials
(第9条　原材料の供給)

　Any raw materials necessary to the NEW COMPANY shall be made available by A under the following conditions.

(1) The quality shall be not lower than that of ISO.
(2) Quantities shall be regularly supplied to the NEW COMPANY in

amounts as demanded by the NEW COMPANY.
(3) Prices shall be reasonable and competitive in the world market.
［語句解説］

available「入手できる」「利用できる」人にも物にも使います。

ISO「国際標準化機構」= International Organization for Standardization。単純な語順ではIOSとなるところですが，そうなっていないのはISOがギリシャ語のISOS（相等しい）を語源としているからです。

［訳例］

新会社に必要な一切の原材料は，以下の条件に基づきAにより調達される。
(1) 品質は，国際標準化機構の品質を下回らない。
(2) 数量は，新会社が要求する総計で定期的に新会社に供給される。
(3) 価格は，妥当で国際市場で競争力のあるものである。

Article 10.　Sales of Products
（第10条　製品の販売）

The products of the NEW COMPANY shall be sold through a company nominated by A under a "SALES AGREEMENT" to be concluded separately with the NEW COMPANY.

［訳例］

新会社の製品は，新会社と個別に締結される「売買契約書」に基づき，Aによって任命される会社を通して販売される。

Article 11.　Financing
（第11条　資金調達）

If the funds required for construction, operation and management of the NEW COMPANY are not fully covered by the paid up capital of the NEW COMPANY, the balance shall be met by loans obtained by the NEW COMPANY. If the said balance is not covered by means of such loans, A and B agree to guarantee the acquisition of the remaining balance in equal ratio.

［語句解説］

balance「残額」「残高」

[訳例]
第11条　資金調達

　新会社の建設，操業および経営に必要な基金が，新会社の支払済資本金により充分賄い切れないときは，残額は新会社の借入金により充当する。もし新会社の借入金の手段によっても賄い切れないときは，AならびにBは折半で残額の獲得を保証することに合意する。

Article 12.　Government Approvals and Protective Measures
（第12条　政府の承認と保護措置）

12.1

　B shall make its best efforts to cause the NEW COMPANY to obtain all of the necessary approvals and protective measures from the Government of Singapore with respect to:

⑴ All sanctions and permits including a promotion certificate from the Government of Singapore necessary for any additional investment by the NEW COMPANY in the future;

⑵ Arrangements with authorities so that the invested capital of the NEW COMPANY can be used in the most favorable way;

⑶ Guarantee for A to repatriate its invested capital to Japan;

⑷ Permits for A to remit to Japan dividends arising from its shares, repayment of loans, interest, technical assistance fee to be paid to A, and the salaries stipulated in Articles 7.5 and 7.7; and

⑸ Permits and other facilities for the entry and stay in Singapore of personnel stipulated in Articles 7.2 and 7.7 and their families to be dispatched to the NEW COMPANY from A

[語句解説]

protective measures「保護措置」「保護策」

sanction「許認可」「裁可」この単語には反対の「制裁」「罰則」という意味もあり，注意を要します。

repatriate「祖国へ送金する」「祖国へ送還する」reはbackの意。patrはpater（＝father）のことで，実際にはfatherland（本国）のこと。-ateは動詞をつくります。

remit「送金する」名詞形はremittance。

[訳例]

Bは，新会社をして以下に関してシンガポール政府から必要な承認および保護措置のすべてを得させるように最善をつくす。

(1) 将来における新会社による一切の追加投資のために必要なシンガポール政府の奨励証明書を含めすべての許認可
(2) 新会社の投資された資本が最も好ましい方法で使うことができるようにするため当局との取決め
(3) Aが投資された資本を日本に本国送金する保証
(4) Aがその株，借入金の返済金，利子，Aに支払われるべき技術援助費，および7条5項および7条7項に規定された月給を日本に送金することの許可
(5) Aから新会社に派遣される7条2項および7条7項に規定された人員およびその家族のシンガポールへの入国および滞在のための許可およびその他の施設

12.2

A shall make its best efforts to secure all the necessary approvals and protective measures from the Government of Japan with respect to:

(1) Permits for the investment by A in the NEW COMPANY;
(2) Permits for the dispatch of the personnel from A to the NEW COMPANY;
(3) Permits for export of machinery, equipment, raw materials and all other necessities to the NEW COMPANY; and
(4) All other possible and necessary permits and protective measures for the growth of the NEW COMPANY

[訳例]

Aは，以下に関して日本政府からすべての必要な認可および保護策を確保するため最善の努力をする。

(1) Aによる新会社への投資の許可
(2) Aによる新会社への人員派遣の許可
(3) 新会社への機械類，機器類，原材料およびその他すべての必要品の輸出許可
(4) 新会社の成長のために可能で必要なすべてのその他の許可と保護措

置

Article 13.　Non-Disclosure
（第13条　非開示）

B and the NEW COMPANY shall guarantee not to disclose, to any party or parties other than those to THIS AGREEMENT, technical information, processing techniques, plant design, selection of machinery, know-how and any other secrets furnished to B and the NEW COMPANY by A pursuant to THIS AGREEMENT.

［訳例］

Bおよび新会社は，本契約書の当事者以外の一切の当事者に対して，本契約書に従いAによってBおよび新会社に供給された技術情報，加工技術，工場設計，機械類の選択，ノウハウおよびその他の秘密を開示しないことを保証する。

Article 14.　General Provision
（第14条　一般条項）

14.1（Entire Agreement）

THIS AGREEMENT shall constitute the entire agreement between the parties hereto. All prior representations have been merged herein and THIS AGREEMENT shall supersede all previous agreements between the parties.

［訳例］

（完全合意）

本契約書は，両当事者の間の完全合意を構成する。従前の表示は本契約書に統合されており，本契約書は，これまでの両当事者のすべての合意に優先する。

14.2（Governing Law）

The formation, validity, construction and performance of THIS AGREEMENT shall be construed in accordance with the laws of Japan. However the provision stipulated in Article 14.8 is excepted.

［訳例］
（準拠法）
　本契約書の成立・効力・解釈・履行は，日本の法律に従って解釈される。ただし，14条8項の規定は除かれる。

14.3（Supplements）
　Matters not provided for in THIS AGREEMENT shall be deliberated and agreed upon by the parties hereto, and in any case where either of the parties to THIS AGREEMENT considers that such matters constitute important supplements, such supplements shall not take effect until approved in writing by the parties to THIS AGREEMENT.

［語句解説］
deliberate「協議する」「熟考する」
in writing「書面により」

［訳例］
（追加）
　本契約書に規定された事項は，本契約書の当事者により協議され合意される。本契約書の当事者のいずれでも，そのような事項に重要な追加がある場合には，その追加は，本契約書の当事者により書面による承認がなされるまで効力を発しない。

14.4（Force Majeure）
　Any delay or failure in performance hereunder by a party or parties hereto shall be excused if and to the extent caused by occurrences beyond such party's or parties' control, including, but not limited to acts of God, force majeure, strikes or other labor disturbances, war, riot, civil commotion, sabotage, or any cause or causes which cannot be controlled by such party or parties. If, as a result of legislation or governmental action, any party or parties are precluded from receiving any benefit to which they are entitled hereunder, the parties shall review the terms hereof so as to try best efforts to restore the party or parties to the same relative positions as previously obtained hereunder.

［語句解説］
acts of God「神の行為」「天災」「不可抗力」
［訳例］
（不可抗力）

　本契約書の当事者によって本契約書に基づいた実行のいかなる遅延も不履行も，次を含みこれらに限定しないが，天災，不可抗力，ストライキまたは労働争議，戦争，騒乱，暴動，労働妨害行為，あるいは当事者によって制御できない事件が発生した場合に，かつその範囲において，免責される。もし法律または政府の決定の結果として，当事者は，本契約書に基づき当然に付与された利益を受け取ることを妨げられた場合には，両当事者は，その当事者を本契約書に基づき既に獲得されたと同じような適切な状態に回復するよう最善を尽くすために本契約書の条項を見直す。

14.5（Settlement of Disputes）
　Any dispute arising as regards the provisions of THIS AGREEMENT or its attached documents shall be settled amicably through mutual consultation between the parties concerned. Any dispute not settled through mutual consultation as stipulated in the preceding sentence shall be finally settled by arbitration conducted in accordance with the rules of arbitration of the International Chamber of Commerce.
［訳例］
（紛争解決）

　本契約書または添付書類の規定に関して生じる一切の紛争は，関係当事者の相互の協議により友好的に解決される。前文に規定された相互の協議によって解決しない一切の紛争は，国際商業会議所の仲裁の規則に従い行われる仲裁により最終的に解決される。

14.6（Effective Date and Term）
　THIS AGREEMENT shall in principle come into effect on the day when its signing by the parties to THIS AGREEMENT is completed, provided that the provisions of THIS AGREEMENT requiring the approval of the Governments of Singapore and Japan shall come into

force upon the approval of the Governments. THIS AGREEMENT shall continue for five (5) years, but on every expiry of the period, the parties hereto may extend THIS AGREEMENT further for five (5) years by one year's prior agreement between them.
［語句解説］
come into effect; come into force「効力を発する」
［訳例］
（発効日と契約期間）
　本契約書は，原則として本契約書の当事者による署名が完了した日に効力を発する。ただし，シンガポールおよび日本政府の承認を必要とする本契約書の規定が両政府の承認時に効力を発することを条件とする。本契約書は，5年間継続するが，契約期間の終了毎に，1年の事前のお互いの合意により，契約当事者は，さらに5年間延長することができる。

14.7（Language and Retention of Contract）
　THIS AGREEMENT is made in duplicate in the English language as the evidence of concluding THIS AGREEMENT and the parties to THIS AGREEMENT shall respectively retain one (1) copy thereof.
［訳例］
（使用言語と契約書の保持）
　本契約書は，本契約締結の証拠として英語で2通作成される。かつ本契約書の当事者は，それぞれその1通を保持する。

14.8（Applicable Law to Settle Disputes inside the New Company）
　Any problem arising within the NEW COMPANY shall be settled according to the laws of Singapore.
［訳例］
（新会社内問題解決の準拠法）
　新会社の中で生じる一切の問題は，シンガポール法に基づき解決される。

14.9（Notice）

Any notice or report required or permitted to be given by one party to the other party under this Agreement shall be deemed to have been sufficiently given for all purposes hereof if airmailed, registered, postage prepaid, addressed to such party at its address as indicated above or to such other address as will hereafter be furnished by such party by written notice.

［訳例］

（通知）

本契約書に基づいて一方の当事者から他の当事者に通知されることを要求されたり許可される一切の通知や報告は，上記に示された住所または将来その当事者により書面による通知によって供されるようなその他の住所宛に，郵便料金前払いで，書留航空郵便で送付されたならば，本契約書のすべての目的のために十分に送付されたとみなされる。

IN WITNESS WHEREOF, Yakusho Koji has signed THIS AGREEMENT for A Co., Ltd. in his capacity as President, in Tokyo, Japan, on the 20th day of October, 20--.

　　　　A

　　　　―――――――――――――――

　　　　President

IN WITNESS WHEREOF, Lee Kuon Yew has signed THIS AGREEMENT for B Co., Ltd, in his capacity as President, in Tokyo, Japan, on the 20th day of October, 20--.

　　　　B

　　　　―――――――――――――――

　　　　President

［訳例］

上記の証として，役所広治は社長の資格でA株式会社を代表して20--年10月20日東京において本契約書に署名した。

上記の証として，リー・クオン・ユーは社長の資格でB株式会社を代表して20--年10月20日東京において本契約書に署名した。

Exhibits
　Exhibit J: Articles of Incorporation
　Exhibit K: Bylaws
　Exhibit L: Personnel Dispatch Agreement
　Exhibit M: Parts and Raw Material Supply Agreement
　Exhibit N: Trademark Agreement
　Exhibit O: Sales Agreement
　Exhibit P: Technical Assistance Agreement (1)
　Exhibit Q: Technical Assistance Agreement (2)

［訳例］
　添付書類
　添付書類Ｊ：基本定款
　添付書類Ｋ：付随定款
　添付書類Ｌ：人員派遣契約書
　添付書類Ｍ：部品および原材料供給契約書
　添付書類Ｎ：商標契約書
　添付書類Ｏ：売買契約書
　添付書類Ｐ：技術援助契約書(1)
　添付書類Ｑ：技術援助契約書(2)

＊上記英文契約書は，旧日本輸出入銀行（現国際協力銀行）で用意されていたひな形を相当に加筆修正して書き直したものです。

(6) アパート賃貸借契約書

　国際取引の契約書ではありませんが，海外に長期滞在する場合にアパートを借りることもあるでしょう。下記にアメリカで入手し若干手を加えたアパート賃貸契約書（例）を掲げます。

　近所の不動産屋から入手した日本のアパート賃貸借契約書では3ページにわたり「契約期間」「契約更新」「賃料の改定」「賃料支払の改訂」「敷金ならびに敷金の返還」「諸経費の負担」「解約」「損害賠償」「承認事項」「禁止事項」「立退料・移転費用等の請求禁止」「通知義務」「貸主の免責」「契約の解除」「貸室立入り権」「連帯保証人」「違約金」「法人契約における特約」「合意」「契約外事項」の20条項があります。日本の契約書は文章が短く簡単ですが，多くは家主の権利・免責と賃借人の義務・責任が強調されすぎ不平等で，バランスがとれていません。

　アメリカの契約書が詳細で日本の契約書が簡単な理由は，文化の差異によります。アメリカ文化は自分の思っていることをたくさん表現する文化で，これは低コンテクスト文化（low context culture）と呼ばれます。能動的にかつたくさん表現します。これに対して日本文化は，あまり表現せず表情・背景など状況を相手に察してもらう文化で，これは高コンテクスト文化（high context culture）と呼ばれます。受動的で表現力は弱くなります。低コンテクスト文化は，必然的に話し文化（speaking culture），高コンテクスト文化は，必然的に聞き文化（listening culture）となります。

　文化の差異は，国際的な舞台や外国語を話すときにも如実に現れます。筆者は日頃より感じていますが，日本人は聞くことに重点をおきすぎ，話すことにほとんどエネルギーを使いません。これでは最初から勝負あったというべきでしょう。筆者の経験では，隣国の韓国人や中国人も話すということには日本人の何倍ものエネルギーを使い，自己主張が強いように見えます。日本人は，国際舞台では，自分の中で聞き文化から少しだけ話し文化に切り替える必要があると考えています。異文化の中で実践により身に付けるのがいいでしょう。

　　第1条　家賃（Rent）
　　第2条　保証金（Security）
　　第3条　家主の義務（Landlord's Duties）
　　第4条　賃借人の義務（Tenant's Duties）

第 5 条　規則（Rules）
第 6 条　立入り（Access）
第 7 条　家主の救済（Landlord's Remedies）
第 8 条　賃借人の救済（Tenant's Remedies）
第 9 条　火災その他の災害（Fire and Casualty）
第 10 条　公的収用（Condemnation）
第 11 条　備付家具（Furnishings）
第 12 条　譲渡など（Assignment, etc.）
第 13 条　改造（Alterations）
第 14 条　劣後化（Subordination）
第 15 条　家主の義務免除（Release of Landlord）
第 16 条　免責（No Liability）
第 17 条　賃借人は現状のまま受け入れる（Tenant takes "as is."）
第 18 条　後継者（Successor）
第 19 条　分離（Severability）
第 20 条　本人としての意志表示（No Representations）
第 21 条　静粛な生活享受（Quiet Enjoyment）
第 22 条　終了予告の放棄（Waiver of Notice）
第 23 条　発効日（Effect Date）
第 24 条　家主によりなされるべき仕事（Work to be Done by Landlord）

＜支払保証契約＞
第 1 条　保証の理由（Reason for Guaranty）
第 2 条　保証行為（Guaranty）
第 3 条　賃貸借の変更に影響を受けない（Changes in Lease have no Effect）
第 4 条　通知の放棄（Waiver of Notice）
第 5 条　実行（Performance）
第 6 条　陪審裁判の放棄（Waiver of Jury Trial）
第 7 条　変更（Changes）

APARTMENT LEASE

The Landlord agrees to lease the Apartment to the Tenant for the Tenant and Tenant's relatives to live in as follows:

LANDLORD: _____ (name and address)
TENANT: _____ (name and address)
Date of Lease:
Term of Lease: From _____ (Beginning) to _____ (Ending)
Monthly Rent: $ _____ Payable in advance on the _____ of each month
Security:

In this Lease the words I, me and my mean the Tenant. You and your refer to the Landlord.

［語句解説］

apartment「アパート」単なる貸間では，ありません。ほぼ日本のマンションに相当します。

landlord「家主」本来は「地主」(land＋lord) です。

lease「賃貸する」「貸す」「借りる」

tenant「賃借人」「居住者」「住人」

relative「身内」「親類」形容詞もありますが，この場合は名詞です。

as follows:「次のように」本来は，as it follows: で it が省略されました。この場合のコロンは「すなわち」という意味です。

date「日付」具体的に〜年〜月〜日を示し，day は，単に〜日で少し異なります。

term「期間」terms（条件）と区別する必要があります。

rent「家賃」「賃借料」

in advance「事前に」「前もって」

security「保証金」「敷金」「担保」

refer to「〜のことである」「〜を指す」

［訳例］

アパート賃貸借契約書

家主は，賃借人およびその身内が居住するためのアパートを賃借人に賃貸することに以下のように合意する。

家主：＿＿＿＿＿＿＿＿＿＿＿＿（氏名・住所）＿＿＿＿＿＿＿＿＿

賃借人：＿＿＿＿＿＿＿＿＿＿＿（氏名・住所）＿＿＿＿＿＿＿＿＿

賃貸借の日付：

賃貸借の期間：＿＿＿（開始）＿＿＿から＿＿＿（終了）＿＿＿まで

月々の家賃：各月＿＿日に＿＿＿＿＿ドル前払い

保証金：

なお本賃貸借契約書においては，I, my, me という言葉は，賃借人（Tenant）のことであり，you, your は，家主（Landlord）のことである。

Article 1. Rent

I (Tenant) shall pay the monthly rent to You (Landlord) at the above address. You may change the address by notice in writing to me.

［語句解説］

by notice「通知により」

in writing「書面により」

［訳例］

第1条　家賃

賃借人は，上記の住所に家主に対して月々の家賃を支払う。家主は，賃借人に対する書面による通知によりその住所を変更することができる。

Article 2. Security

You (Landlord) admit receipt of the Security in the above sum. It shall be held as security for the performance by me (Tenant) of each term of this Lease during the Term and any renewal. You shall pay to me money held by you as security and any interest due as required by law within

30 days after the Term or renewal term ends. You may deduct damages caused by my failure to comply with the terms of this Lease. If you do you shall: (1) notify me of the damages within 30 days; and (2) return the net sum due with an itemized statement within 60 days after the Term or renewal term ends. The statement shall show each item of damages, the amount of security, interest due on the security and the amount due.

[語句解説]

admit「認める」名詞形には，admittance（入場許可）や admission（入場）があります。

receipt「受取」「受領」acceptance（受理）とは区別する必要があります。

performance「実行」「遂行」

renewal「更新」「再契約」「期限延長」

due「満期の」「期限のきた」due to は満期日のことです。

deduct「差し引く」「控除する」

comply with「〜に応じる」「〜に従う」「〜を充たす」

itemized「項目別にした」

statement「計算書」

[訳例]

第2条　保証金

　家主は，上記の金額で保証金の受取を認める。それは，賃貸借期間および更新期間中に本賃貸借契約各条件の賃借人による実行のための保証金として保管される。家主は，賃貸借期間および更新期間終了後，30日以内に法により要求される保証金およびその満期利息として家主により保管された金を賃借人に支払う。家主は，賃借人が本賃貸借契約の条件に応じないことによって生じた損害分を差し引くことができる。もし家主がそうする場合，家主は次のことを行う。(1) 30日以内に損害について賃借人に通知する。(2) 賃貸借期間または更新期間終了後60日以内に項目別にした計算書を添えて期限のきた正味金額を返却する。この計算書には，損害，保証金額，保証金の利息および差し引き金額の各項目が示される。

Article 3.　Landlord's Duties
　You (Landlord) shall:
(a) comply with the requirements of the General Statutes, all building and housing codes of the state or any political division that affects health and safety;
(b) make all repairs and do all things needed to put and keep the Apartment and Building in a fit and habitable condition;
(c) provide and maintain proper pails for the removal of garbage, rubbish and waste incidental to the use of the Apartment and arrangement for their removal; and
(d) supply heat, hot and cold running water, and other services called for in this Lease.

［語句解説］
　requirements「要件」通常 to comply with requirement(s) で連語として使用されます。
　General Statute「一般法令」statute は,「法令」「制定法」「成文法」「法規」という意味です。
　fit「適した」「ふさわしい」これは形容詞です。
　habitable「住める」「住むのに適した」
　pails「バケツ」「桶」
　incidental to「～に付随して起こる」「～に伴う」
　running water「水道の水」他には, tap water とか city water ともいいます。
　call for「要求する」

［訳例］
第3条　家主の義務
　家主は，以下の義務を負う。
　(a)　一般法令，健康と安全に影響を及ぼす州または政治部局のすべての建物住居法典の要件に応じる。
　(b)　アパートおよび建物を適切かつ住める状態にし，維持するのに必要なすべての修繕をし，すべてのことを行う。
　(c)　アパートの使用および引っ越しの手配に付随して発生するごみ，くず，廃棄物移動のための適当なバケツを提供し維持する。

(d) 本賃貸借契約で要求されている暖房，温冷水道，その他のサービスを供給する。

Article 4. Tenant's Duties
  I (Tenant) shall:
(a) comply with all duties imposed upon me by any building, housing or fire code affecting health and safety;
(b) keep the part of the Apartment and Building that I use as clean and safe as possible;
(c) remove from my Apartment all garbage, rubbish and waste in a clean and safe manner to the place provided by you (Landlord);
(d) keep all plumbing fixtures and appliances in the Apartment or used by me in the Building as clean as possible;
(e) use all electric, plumbing, sanitary, heating, ventilating, air conditioning appliances, elevators and other facilities in a reasonable manner;
(f) not willfully or negligently destroy, deface, damage or remove any part of the Apartment or Building or let anyone do so; and
(g) behave and require other persons in the Apartment or Building with my consent to behave in a manner that will not disturb my neighbors' peaceful enjoyment of the Building.

[語句解説]
duties「義務」「任務」他には「関税」などの意味もあります。
imposed upon「〜に課する」「負わす」
code「法典」「法」他には「記号」「規約」などの意味があります。
garbage「ごみ」
rubbish「くず」「ごみ」「がらくた」
waste「廃棄物」industrial waste は，「産業廃棄物」です。
plumbing [plʌ́miŋ]「配管」「上下水道設備」発音に気をつけて下さい。b は発音しません。
sanitary「衛生の」「衛生上の」
ventilating「換気の」「通気の」
facilities「設備」「施設」この意味では，通常複数です。
willfully「故意に」

negligently「不注意に」「注意を怠って」
deface「外観を損なう」語源は，de＋face です。
disturb「邪魔する」ホテルで "Don't disturb."（睡眠中につき妨害するな）というのをよく見ますね。

［訳例］
第4条　賃借人の義務
　賃借人は，次の義務を負う。
　(a)　健康および安全に影響を及ぼす一切の建物法，住居法，火災法によって賃借人に課せられたすべての義務に応じる。
　(b)　賃借人が使用するアパートおよび建物のどの部分も出来るだけ清潔にかつ安全に維持する。
　(c)　賃借人のアパートから家主が指定した場所へ清潔かつ安全な方法で，すべてのごみ，くず，廃棄物を移動する。
　(d)　アパートの中の，あるいは建物の中で賃借人が使用するすべての配管用備品や装置をできるだけ清潔に維持する。
　(e)　すべての電気，配管，衛生，暖房，換気，空調，装置，エレベーターおよびその他の設備を妥当な方法で使用する。
　(f)　アパートや建物のどの部分でも故意にまたは不注意に破壊したり，外観を損なったり，損傷したり，取り除いたりしないし，誰にもそうさせない。
　(g)　賃借人の隣人の平和的な建物の享有を邪魔しない方法で振る舞い，かつ賃借人の同意を得てアパートや建物にいる他の人に，そう振る舞うよう要求する。

Article 5.　Rules
　I (Tenant) will comply with the Rules and new Rules that will be given to me. New Rules that substantially alter the terms of this Lease shall be agreed to in writing by me. You (Landlord) need not enforce Rules against other tenants. You are not liable to me if another tenant breaks these Rules. I receive no rights under these Rules.
(a) Comfort or rights of other tenants shall not be interfered with. This means that annoying sounds, smells and lights are not allowed.
(b) No one is allowed on the roof. Nothing may be placed on or attached

to fire escapes, sills, windows or outside walls of the Apartment or in the halls or public areas of the Building.

(c) Tenants shall give to Landlord keys to all locks. Locks may not be changed or new locks may not be put in without written consent of Landlord.

(d) Apartment floors shall be covered by carpets or rugs.

(e) No water beds are allowed.

(f) Tenants shall not keep or maintain dogs, cats or other animals in the Apartment without written consent of the Landlord.

(g) Garbage disposal rules shall be followed.

(h) Laundry machines, if any, are used at Tenant's risk and cost. Instructions shall be followed. Landlord may stop their use at any time.

(i) Moving of furniture, fixtures or equipment shall be scheduled with Landlord. Tenants shall not send Landlord's employees on personal errands.

(j) Improperly parked cars may be removed without notice at Tenant's cost.

(k) Plumbing, fixtures and appliances shall not be used other than for the purpose for which they were intended. No sweepings, rubbish, rags, or other substances shall be thrown in them. Damage resulting to them from misuse shall be borne by the Tenant causing or permitting the damage.

(l) No plants, rugs, bedding or other items shall be placed in or out of windows or on fire escapes. No one shall shake rugs, blankets, clothing, etc., out of windows.

(m) Deliveries of furniture, appliances, supplies, goods and packages of all kinds shall be made through the designated service entrance, elevators and areas.

(n) No cooking shall be done except in kitchens. Cooking is not permitted on porches or balconies.

(o) Tenants shall not erect or expose any sign, advertisement, lights, antenna or projection in or out of the windows or from the Building

unless approved in writing by Landlord.
　(p) Tenants shall conserve energy.
　［語句解説］
　substantially「相当に」「かなりに」下の substances も参照のこと。
　enforce「強制する」「押しつける」これは，当然 en + force です。
　interfere with「邪魔する」「干渉する」
　roof「屋根」他には「最高部」「頂」という意味もあります。to hit the roof とは，「頭にきた」「かっとなる」という意味です。
　fire escape「火災避難装置」
　sills「土台」「敷居」
　rug「敷物」「じゅうたん」
　risk「危険」一般には，金銭的危険を指します。身の危険は danger といいます。
　instructions「指図」この意味では，複数形を使います。ここでは，事実上使用方法を指します。単数の instruction は，「教えること」「教授」(professor の意味ではなく「生け花教授」のように)。
　send ... on errands「使いを送る」
　at Tenant's risk「賃借人の危険で」at Tenant's accountability や on Tenant's responsibility とほぼ同じです。
　sweepings「(かき集めた) ごみ」
　rags「ぼろ切れ」「布くず」rug と発音に注意。
　substances「物体」「物質」
　plants「植物」
　shake「振る」「揺れ動かす」美観上，南欧を除く欧米諸国では，布団や毛布などを外に干すことも禁じられています。多くの場合建物の地下にそれなりの設備があります。日本でもこのような共同住宅が増えてきました。
　furniture「家具類」一般には単に「家具」と訳されていますが，集合名詞で複数形はなく，実際には「家具類」という意味です。machinery や equipment と同じ概念です。
　supplies「必需品」この意味では，複数形です。
　goods「荷物」原則として複数形です。一つの荷物では，a piece of the goods とか an article や a product とします。例外的に経済学の原書で1度

だけ単数形の good を見たことがあります。

　designate「指定する」「指名する」野球のＤＨ（指名打者）は designated hitter のことです。

　expose「陳列する」「展示する」「さらす」語源的には，ex（外に）＋pose（置く）です。

　advertisement「広告物」advertising は，広告行為という意味です。

　projection「映像」「映写」「投射」

　conserve「保存する」「保護する」形容詞の conservative（保守的）は，よく使われます。

　［訳例］
　　第５条　規則

　　賃借人は，現行規則と将来賃借人に手渡されるであろう新規則に従う。本賃貸借契約の条件を相当に変更する新規則は，賃借人により書面で合意される。家主は，他の賃借人にそむいて規則を強制する必要はない。もし他の賃借人がこれらの規則を破ったとしても，家主は賃借人に対して責任を負わない。賃借人は，これらの規則に基づく権利をなんら受けない。

　　(a)　他の賃借人の快適さまたは権利は邪魔されない。これは，迷惑な音，臭い，光は許されないことを意味する。

　　(b)　屋根に居ることは，だれも許されない。アパートの火災避難装置，土台，窓の上または付着して，または壁の外側に，または建物のホールや公共の場所に，何も置かない。

　　(c)　賃借人は，すべての施錠の鍵を家主に預ける。鍵は，家主の書面による同意なくして変更したり，新しい鍵を差し込まない。

　　(d)　アパートの床は，じゅうたんまたは敷物で覆う。

　　(e)　ウォーター・ベッドは，許可されない。

　　(f)　賃借人は，家主の書面による同意なくして，アパートで犬，猫，その他の動物を飼育しない。

　　(g)　ごみ処理規則は，守られる。

　　(h)　もし使用するなら，洗濯機は，賃借人の危険と費用で使用される。使用方法は，守られる。家主は，いつでもその使用を止めさせることができる。

　　(i)　家具類，備品，機器の移動は家主と一緒に計画を立てる。賃借人

は，家主の従業員を個人的使いとして使わない。
(j) 不適切に駐車された車は，賃借人の費用負担で通知なく移動することができる。
(k) 配管，備品，装置は意図された目的以外に使用しない。ごみ，くず，ぼろ切れ，その他の物体をそれらに投げ入れない。誤用からそれらに生じる損害は，その損害を起こしたり，それを許したりする賃借人により負担される。
(l) 一切の植物，敷物，寝具類，その他の品目を窓の内外や火災避難装置上に置かない。敷物，毛布，衣類などを窓から振らない。
(m) すべての種類の家具類，装置，必需品，荷物，包装は指定された業務用入り口，エレベーターおよび地域から搬入される。
(n) 台所以外で料理をしない。ポーチやバルコニーでの料理は，許可されない。
(o) 家主により書面で承認されない限り，賃借人は，窓内外または建物から標識，広告物，光線，アンテナ，映像を，立てたり，さらさない。
(p) 賃借人は，エネルギーの節約に心がける。

Article 6.　Access

(a) I (Tenant) shall not unreasonably withhold consent from you (Landlord) to enter the Apartment in order to: (i) inspect it; (ii) make necessary or agreed repairs, alterations or improvements; (iii) supply necessary or agreed services; or (iv) exhibit it to possible or actual buyers, mortgagees, tenants, workmen or contractors.
(b) You may enter the Apartment without my consent in case of emergency.
(c) You shall not misuse the right of entry or use it to harass me. You shall give me reasonable notice of your intent to enter and may enter only at a reasonable time except in emergency.
(d) I (Tenant) shall notify you of any long absence from the Apartment. You may enter it at reasonable times during a long absence to: (i) inspect; (ii) make necessary or agreed repairs, alterations or improvements; (iii) supply necessary or agreed services; or (iv) show it

to possible or actual buyers, mortgagees, tenants, workmen or contractors.
(e) You have no other right of entry except by a court order, or if I have abandoned the Apartment.

［語句解説］
withhold「保留する」「見合わせる」withholding tax といえば，「源泉課税」「源泉徴収税」のことを言います。
alterations「改造」「変更」
exhibit [igzíbit]「示す」「提出する」「展示する」
mortgagee [mɔ́:rgədʒí:]「抵当権者」反対は，mortgagor; mortgager [mɔ́:rgədʒər]（抵当権設定者）です。たとえば，住宅ローンで銀行から金を借りる場合には，借りる人が mortgagor で，銀行が mortgagee となります。
in case of emergency「非常の場合には」「非常が発生の場合には」
harass「困らせる」「悩ます」「苦しめる」sexual harassment は，広く知られるようになりました。
court order「裁判所の命令」これには，判決は含まれません。
abandon「放棄する」「見捨てる」「遺棄する」

［訳例］
第6条　立入り
(a)　賃借人は，次の目的のためにアパートに立入る家主の合意を不当に保留しない。(i)検査のため，(ii)必要なまたは合意された修理，改造，改善のため，(iii)必要なまたは合意された業務を供与するため，(iv)将来のまたは現実の買主，抵当権者，賃借人，職人，または請負業者に対し，それを示すため。
(b)　家主は，非常の場合には，賃借人の同意なくアパートに立入ることができる。
(c)　家主は，立入る権利を乱用しないし，賃借人を困らすためにそれを使用しない。家主は，立入りの意志について妥当な通知を賃借人に行い，非常の場合を除いて妥当なときにのみ立入ることができる。
(d)　賃借人は，アパートを長期間不在にするときは，その旨を家主に報せる。家主は，次の目的のため長期の不在期間，妥当な時に立入

(6) アパート賃貸借契約書　*171*

ることができる。(i)検査のため，(ii)必要なまたは合意された修理，改造，改善のため，(iii)必要なまたは合意された業務を供与するため，(iv)将来のまたは現実の買主，抵当権者，賃借人，職人，または請負業者に対し，それを示すため。
(e) 家主は，裁判所命令による場合や賃借人がアパートを放棄した場合を除いて，他の立入りの権利を一切もたない。

Article 7.　Landlord's Remedies
(a) If rent is unpaid when due and I (Tenant) fail to pay rent within nine (9) days thereafter, you (Landlord) may terminate this Lease in accordance with General Statutes §47a-23.
(b) In addition to any other rights you (Landlord) may have under law you shall have the rights set forth in General Statutes §47a-15:
　(i) If there is a material noncompliance with this Lease; or
　(ii) If there is a material noncompliance with the Rules; or
　(iii) If there is a noncompliance with Article 4 which materially affects the health and safety of other tenants or materially affects the physical conditions of the Apartment.

［語句解説］

thereafter = after that「その後」
in accordance with「～に従って」
in addition to「～に加えて」
noncompliance「不遵守」「不一致」「不承諾」compliance は，法律や規則，ひいては社会秩序などを守ること。徐々に「コンプライアンス」の概念が社会に浸透してきました。Noncompliance はその逆です。

［訳例］

第7条　家主の救済
　(a)　もし家賃が期限がきても支払われず，その後9日以内に，賃借人が家賃を支払わないときは，家主は，一般法令47a-23に従って本賃貸借契約を終了することができる。
　(b)　法に基づいて家主が有する一切のその他の権利に加えて，以下の場合に，家主は，一般法令47a-15に規定された権利を有する。
　　(i)　本賃貸借契約に重大な不遵守があるとき，または

(ii) 規則に重大な不遵守があるとき，または

(iii) 他の賃借人の健康と安全に相当な影響を及ぼしたり，アパートの物理的状態に実質的に影響を及ぼす第4条に不遵守があるとき。

Article 8.　Tenant's Remedies

(a) If there is a material noncompliance with the terms of this Lease by you (Landlord), I (Tenant) shall have the rights set forth in General Statutes §47a-12(a).

(b) I may not terminate the Lease under Article 7(a) for a condition caused by any willful or negligent act or omission of mine, a member of my family, or other persons in the Apartment with my consent. Nothing in this section shall in any way restrict the use of other remedies available to me.

(c) If you fail to supply essential services provided for in this Lease, I shall have the rights set forth in General Statutes §47a-13.

［語句解説］

remedies「救済」「救済方法」「救済手段」権利侵害または権利の実現を妨げることに対する救済，そのための方法・手段・手続をいいます。

material「重大な」

act「作為」「行為」法律上または契約上してはいけないことをなすこと。

omission「不作為」「不行為」「怠慢」何もしないのではなく，なすべきことをしないこと。

section「項」

in any way「どの点においても」この場合は，nothingと関連して強い否定を表しています。

essential「欠くことのできない」「きわめて重要な」「基本的な」

［訳例］

第8条　賃借人の救済

(a) もし家主による本賃貸借契約の条項に重大な不遵守がある場合には，賃借人は一般法令47a-12(a)に規定された権利を有する。

(b) 賃借人は，賃借人，その家族，または賃借人の合意を得てアパートにいる他の人の故意または不注意の作為または不作為により引起

こされた条件をもって，7条(a)項に基づいて本賃貸借契約を終了することはできない。本項のなにものも，賃借人が利用できるその他の救済の使用を決して制限しない。
(c) もし家主が，本賃貸借契約書に規定された欠くことのできない業務を供給しないときは，賃借人は，一般法令47a-13に規定された権利を有する。

Article 9. Fire and Casualty
　In case of fire or other casualty you (Landlord) and I (Tenant) shall have the rights set forth in General Statutes §47a-14.
［語句解説］
casualty「災害」災害保険は，casualty insurance または accident insurance といいます。
［訳例］
第9条　火災およびその他の災害
　火災またはその他の災害の場合には，家主と賃借人は，一般法令47a-14に規定された権利を有する。

Article 10. Condemnation
　If the Apartment or any part, are taken by eminent domain, this Lease shall expire on the date when it is taken. The Rent shall be apportioned as of that date. No part of any award, however, shall belong to me (Tenant).
［語句解説］
condemnation「公的収用」「接収」公共設備の建設などのために私人の財産を収用することをいいます。
eminent domain「土地収用権」「公用徴収権」政府またはこれに準ずる者が，私人または別の政府の財産を強制的に取得する権限またはその行使をいいます。
expire「終了する」「有効期限が切れる」もとの意味は「息を吐き出して死ぬこと」「息をひきとる」です。
apportion「配分する」
as of「〜現在で」

award「認定（額）」他には「仲裁裁定」という意味もあります。
［訳例］
第10条　公的収用
　もしアパートまたはその一部が土地収用権により接収されるときは，本賃貸借契約は，接収された日に終了する。家賃はその日時点で按分される。しかしその認定額のどの部分も賃借人に属さない。

Article 11.　Furnishings

If the Apartment is furnished, the furnishings are listed on "Schedule A" attached. I (Tenant) shall keep, and shall return to you (Landlord) at the end of this Lease, the furnishings in good order except for ordinary wear or damage by the elements. It is understood that you are to have the furnishings in good repair when taking possession.

［語句解説］
schedule「別表」「添付書類」他に annex, appendix, attachment, exhibit も使われます。
at the end of「～の終わりに」類似表現には，at the beginning of（～の初めに）や in the middle of（～の真ん中に）があります。
in good order「整理整頓して」「良好な状態で」the furnishings in good order の部分は前の二つの動詞 keep と return の両方に係ります。
wear「摩損」「摩滅」「すりきれ」
elements「自然の力」「大気の力」
in good repair「よく修理されている（状態）」
［訳例］
第11条　備付け家具
　アパートに家具が備えられるときは，その備付け家具は，添付の「別表A」に記載される。賃借人は，自然の力による通常の摩損や損傷によるものを除いて，備付け家具を整理整頓し，本賃貸借契約の終了時に良好な状態で返却する。家主が占有するときは，その備付け家具をよく修理されている状態で占有すると理解される。

Article 12.　Assignment, etc.

I (Tenant) agree not to assign this Lease, or sublet the Apartment or

any part, without your (Landlord's) prior consent in writing.
［語句解説］

sublet「又貸し」「転貸し」イギリス英語の to let（貸す）が分かればすぐ分かります。

［訳例］

第12条　譲渡など

　賃借人は，家主の書面による事前の同意なくして，本賃貸借契約を譲渡したり，アパートまたはその一部を又貸ししないことに，合意する。

Article 13.　Alterations

I (Tenant) agree to make no alterations in the Apartment without your (Landlord's) prior consent in writing.

［訳例］

第13条　改造

　賃借人は，家主の書面による事前の同意なくして，アパートの中で改造しないことに合意する。

Article 14.　Subordination

This Lease shall be subject and subordinate to the liens of all mortgages which now or in the future affect the Building. This means that the holder of a mortgage can, if it so elects, end this Lease upon a sale of the Building in a foreclosure of the mortgage. I (Tenant) agree to sign any papers which your (Landlord's) counselor feels are necessary to accomplish this.

［語句解説］

subordination「劣後化」「従属」一般に不動産，この場合は賃貸なので関係する建物に抵当権が設定され，抵当権が流れ，売買に出されたときは，自分の権利より，先取特権など他の権利が優先するというものです。

subject and subordinate to「～に従う」subject to も subordinate to も同じ意味。

liens「先取特権」「留置権」対象物を占有していないときは「先取特権」，占有しているときは「留置権」。両方合わせていうときは，「リーン」または「リーエン」と言われます。

mortgage [mɔ́:rɡədʒ]「抵当権」
upon a sale「売却あり次第」upon や on は，節にして as soon as で書換えることができます。
foreclosure「抵当権流れ」「質流れ」動詞は to foreclose です。
counselor「弁護士」「法律顧問」これは顧問弁護士のニュアンスです。一般には attorney や lawyer もあります。
［訳例］
第14条　劣後化
　本賃貸借契約は，現在または将来，建物に影響を与えるすべての抵当権の先取特権に従う。このことは，抵当権の所持者が，そのように選択すれば，抵当権流れの場合に建物の売却あり次第，本賃貸契約を終了させることができる。賃借人は，家主の弁護士が，これを成し遂げるために必要と感じる一切の書類に署名することに合意する。

Article 15.　Release of Landlord
　If you (Landlord) sell or lease the Building and give me (Tenant) notice, you shall have no further liability under this Lease on the date you sell or lease the Building. You shall remain liable for things which happened before that date.
［訳例］
第15条　家主の義務免除
　家主が，建物を売却したり賃貸したり，かつ賃借人に通知をする場合には，家主が売却したり賃貸する日に，本契約に基づく責任は，もはや家主にはない。家主は，その日より前に発生したものについての責任は残る。

Article 16.　No Liability
　Unless it results from something you or your agents, servants or employees did or failed to do, you (Landlord) shall not be liable for injury or damage to: (i) me (Tenant); (ii) a member of my family; (iii) other persons in the Apartment with my consent; (iv) their property.
［語句解説］
property「財産」「資産」「所有物」

[訳例]
第16条　免責
　家主，その代理人，従僕，従業員が，あることをしたり，あるいはしなかったことから生じたのでない限り，家主は，次の人物などに対する損傷に対して責任を負わない：(i)賃借人，(ii)賃借人の家族，(iii)賃借人の同意を得てアパートの中にいる他の人々，(iv)これらの人達の財産。

Article 17. Tenant Takes "as is."
　I (Tenant) shall take the Apartment as is except that you (Landlord) shall do the work set forth.
[語句解説]
"as is"「現状のまま」「現物のまま」修理修繕をせずそのままで，という意味。不動産取引では，他に "as is where is"（現状有り姿のまま）という言い方もします。
[訳例]
第17条　賃借人は現状のまま受け入れる。
　家主が規定された作業をすることを除いて，賃借人は，アパートを現状のまま受け入れる。

Article 18. Successors
　The terms of this Lease shall run in favor of and be for the benefit of you (Landlord) and me (Tenant) and whoever succeeds to our interest in this Lease.
[語句解説]
successors「後継者」「相続人」
run「依然として有効である」「効力をもつ」
in favor of「～に有利に」
for the benefit of「～の利益のために」
succeed to「～を相続する」「～を継ぐ」
[訳例]
第18条　相続人
　本賃貸借契約の条件は，家主と賃借人に有利に，かつ両者の利益のために有効であり，誰が本賃貸借契約の両者の利害関係を引継ごうとも，

変わらない。

Article 19.　Severability
　Your (Landlord's) acceptance of Rent or failure to enforce any term in this Lease is not a waiver of any of your rights. If a term in this Lease is illegal, the rest of this Lease remains in full force.
［語句解説］
waiver「権利放棄」
illegal「法律違反の」「不法の」「違法の」
in full force「十分に有効である」
［訳例］
第19条　分離
　家主が家賃を受け取ったり，本賃貸借契約の条件を実施することをしなかったとしても，それは家主の権利のいずれの放棄にもならない。本賃貸借契約の一つの条件が法律違反としても，本賃貸借契約の他の条件は，十分に有効である。

Article 20.　No Representations
　I (Tenant) have read this Lease. All promises made by you (Landlord) are in this Lease. There are no others.
［語句解説］
representations　普通「表示」ですが，文脈から，ここでは「相手に誤解を生じさせるように計算された言葉や行為」(田中英夫『英米法辞典』)と考えられます。執筆現在適切な訳語が見つかっていません。no が前にあるので「不実表示」が近い言葉か。
［訳例］
第20条　事実表示
　賃借人は，本賃貸借契約書を読んだ。家主によりなされたすべての約束は，本賃貸借契約書にある。他には何もない。

Article 21.　Quiet Enjoyment
　Subject to the terms of this Lease, as long as I (Tenant) am not in default I may peaceably and quietly have, hold, and enjoy the Apartment

for the Term.
［語句解説］
in default「義務不履行にある」
peaceably「平穏に」「おとなしく」
［訳例］
第21条　静粛な生活享受
　本賃貸契約の条件に従い，賃借人が義務不履行でない限り，賃借人は，本賃貸借期間アパートを平穏にかつ静粛に保有し，維持し，享受する。

Article 22.　Waiver of Notice
　I (Tenant) waive the 8-day notice to quit as permitted by General Statutes §47a-25.
［語句解説］
　notice to quit「賃貸借終了予告」
［訳例］
第22条　終了予告の放棄
　賃借人は，一般法令47a-25により許されているように，8日の事前賃貸借終了予告を放棄する。

Article 23.　Effect Date
　This Lease is effective when you (Landlord) deliver to me (Tenant) a copy signed by all parties.
［語句解説］
　copy「部」「冊」他には当然「写し」の意味がありますが，日本では「部」の意味があまり知れ渡っていません。
　parties「当事者」
［訳例］
第23条　発効日
　本賃貸借契約は，家主がすべての当事者により署名された一部を賃借人に交付するときに発効する。

Article 24. Work to be Done By Landlord
　(Note: Words added to this printed form must comply with the plain language law P.A.79-532).

［語句解説］

plain language「平易な言語」難しい単語や専門すぎる用語を使わない誰にでも分かる言葉という意味です。アメリカでは，契約書に明白な言葉を使うよう法律で定められています。

［訳例］
　第24条　家主によりなされるべき作業
（注：この印刷された様式に追加される言葉は，平易言語法 P.A.79-532 に従っていなければならない。）

Signatures
　You (Landlord) and I (Tenant) have signed this Lease as of the date at the top.

　　　　　TENANT(S)　　　　　　　　　　LANDLORD
　　　_____　　　_____

　　　_____
　　　　　Witness

［語句解説］

signature「署名」動詞は，当然 to sign です。芸能人のサインは autograph です。

at the top「冒頭に」

witness「立会人」

［訳例］
　　署名
　　家主と賃借人は，冒頭の日付現在で本賃貸借契約書に署名した。
　　　（以下略）

次はこの賃貸借契約書に付随する支払保証契約書です。

GUARANTY OF PAYMENT

Date of Guaranty _____ 20 _____
Guarantor and address _____
_____

［語句解説］
guaranty [gǽrənti]「保証契約」「担保」類似のことばに guarantee [gæ̀rəntíː]「被保証人」「保証契約」「保証」の意味があります。
guarantor [gǽrəntɔ̀ːr]「保証人」

［訳例］

支払保証契約

保証日：20--年
保証人および住所：

Article 1.　Reason for Guaranty

I know that the Landlord would not rent the Apartment to the Tenant unless I guarantee Tenant's performance. I have requested the Landlord to enter into the lease with the Tenant. I have a substantial interest in making sure that the Landlord rents the Premises to the Tenant.

［語句解説］
substantial「相当の」
make sure「確実にする」「念を入れる」
premises「敷地」「構内」土地つき建物をいいます。

［訳例］
第1条　保証の理由
　保証人が，賃借人の実行を保証しなければ，家主は賃借人にアパートを賃貸しないことを，保証人は承知している。保証人は，家主に賃借人と賃貸借契約を締結するよう請求した。保証人は，家主が賃借人に屋敷を賃貸することを確実にすることに相当の関心をもっている。

Article 2.　Guaranty

The following is my Guaranty:

I guaranty the full performance of the Lease by the Tenant. This

Guaranty is absolute and without any condition. It includes, but is not limited to, the payment of rent and other money charges.
［語句解説］

not limited to「限定されない」これは including, but not limited to; including without limitation などとともに使用され，あることを示すが それは単なる例であって，それに限定されない，という意味です。
［訳例］
第2条　保証行為
　以下のことが，保証人の保証行為である。
　保証人は，賃借人による賃貸借契約の全面的実行を保証する。この保証行為は，絶対的であり，無条件である。これには，それに限定されないが，賃貸およびその他の金銭負担の支払が含まれる。

　In addition, I agree to these other terms:
［訳例］
以上に加えて，保証人は以下のその他の条件に合意する。

Article 3.　Changes in Lease have no Effect
　This Guaranty will not be affected by any change in the Lease whatever. This includes, but is not limited to, any extension of time or renewals. The Guaranty will bind me even if I am not a party to these changes.
［語句解説］
whatever「なんであろうと」「どんなものであろうと」
［訳例］
第3条　賃貸借契約の変更に影響を受けない
　本保証契約は，なんであろうと賃貸借契約の変更には一切影響を受けない。これには，それに限定されないが，期限延長または更新が含まれる。保証人がこれらの変更の当事者でなくとも，本保証契約は保証人を拘束する。

Article 4.　Waiver of Notice
　I do not have to be informed about any default by Tenant. I waive notice of nonpayment or other default.
［語句解説］
waiver「放棄」「棄権」
［訳例］
第4条　通知の放棄
　保証人は，賃借人の義務不履行について通知を受ける必要はない。保証人は，不払やその他の義務不履行の通知を放棄する。

Article 5.　Performance
　If the Tenant defaults, the Landlord may require me to perform without first demanding that the Tenant perform.
［訳例］
第5条　実行
　もし賃借人が義務不履行をしたならば，賃借人が実行することを最初に要求することなく，家主は保証人に実行することを要求することができる。

Article 6.　Waiver of Jury Trial
　I give up my right to trial by jury in any claim related to the Lease or this Guaranty.
［語句解説］
jury trial; trial by jury「陪審裁判」その決定は評決（verdict）といいます。アメリカでは，陪審員に選ばれることは大変な名誉とされています。
［訳例］
第6条　陪審裁判の放棄
　保証人は，賃貸借契約または本保証契約に関連した一切の賠償請求における陪審裁判に対する保証人の権利を放棄する。

Article 7.　Changes
　This Guaranty can be changed only by written agreement signed by all parties to the Lease and this Guaranty.

[訳例]
第7条　変更
　本保証契約は，賃貸借契約および本保証契約のすべての当事者により署名された書面による合意によってのみ変更できる。

Signatures

WITNESS: _____　GUARANTOR _____
[訳例]
署名
立合人：_____　保証人 _____

　本アパート賃貸借契約書には，支払保証契約書の他に以下の5つの一般法令文が示されていますが，ここではタイトルだけ示します（§47a-25は無し）。

§47a-12　Breach of agreement by landlord. Tenant's remedies.
　　　　（家主による契約違反。賃借人の救済。）

§47a-13　Failure of landlord to supply essential services. Tenant's remedies.
　　　　（重要な業務提供をしない家主の怠慢。賃借人の救済。）

§47a-14　Damage of destruction of unit. Tenant's remedies.
　　　　（建物の一部の破壊による損傷。賃借人の救済。）

§47a-15　Noncompliance by tenant. Landlord's remedies.
　　　　（賃借人による不遵守。家主の救済。）

§47a-23　Notice to quit possession of premises. Form. Services.
　　　　（敷地の占有停止の通知。様式。業務。）

＊本契約書は，筆者が米国コネティカット州で実際に入手したものです。

Coffee break（10）：語源で語彙を増やす

　筆者は中学・高校・大学のころは闇雲に単語を覚えた記憶がありますが，後で振り返ってみると，もう少し有機的にかつ関連付けて覚えていれば，もっと楽にたくさん覚えられたのではないか，そして簡単には忘れなかったのではないかと後悔しています。まずは語源を覚え，それに関連する単語を覚えていくと能率的に語彙を増やせます。英語の語源は，まずは中型以上の英和辞典でも各単語説明の最後に語源が記載されています。本格的には大型の語源辞典で調べることができます。語源に接頭辞・接尾辞を加えることにより，無理なく語彙が飛躍的に増やせます。これだと楽に覚えられなかなか忘れません。自分で造語することも不可能ではありません。ここでは14例を挙げます。

◆**acceptance of order**「注文請書」

　acceptance の動詞形は，to accept「受理する」「承諾する」「引き受ける」「受け入れる」で，要するに「内容を承知のうえで受け取る」という意味です。to receive「受領する」「受け取る」は，単に「物理的に受け取る」という意味で両者は区別されなければなりません。さて to accept を分解すると，ac（＝ad）＋cept＝to＋take で「〜に対して受け取る」，to receive も，re＋ceive＝back＋take で，to take back「取り戻す」「受け取る」が原義です。

　order「注文」「命令」「秩序」は，ラテン語 ordo「順序」「命令」が語源です。order の派生語としては，orderly「秩序ある」「きちんとした」，ordinal「順序の」（ordinal number は「序数」），ordinary「通常の」「普通の」extraordinary「並みならぬ」「非凡な」（extra＝beyond で「普通の軌道をはずれた」の意），ordinarily「通例」，to ordain「命ずる」，disorder「混乱」などがあります。

◆**to appreciate**「感謝する」「高く評価する」「よさが分かる」

　これは，ap（＝ad）＋preciate に分解でき，preciate はラテン語 pretium（＝price）を語源としています。したがって to set a price on「〜に値段をつける」が原義です。そして「評価する」→「真の価値を認める」→「ありがたく思う」と拡大されていきました。名詞形は

appreciation「感謝」「観賞」，形容詞形は appreciative「感謝の」「鑑識眼のある」です。pretium（＝price）を語源に含む単語として，precious「貴重な」があり，他に to depreciate「価値を減じる」「見くびる」は de＋preciate＝down＋price に分解でき，「価値が下がる」が原義です。この名詞形は depreciation「価値の低下」「貨幣の購買力低下」「原価償却額」です。

◆**bankrupt**「破産した」（形容詞）「破産者」（名詞）

　bankrupt は，bank と rupt に分解できます。bank の語源は，イタリア語の banca（女性名詞）で元の意味は bench（イタリア語で banco）です。これは以前両替屋は仕事台に bench または table を用いていたところから来ています。スペイン語は banco（男性名詞），フランス語は banque（女性名詞）です。rupt はラテン語 ruptus が語源で broken の意味で，すなわち bankrupt＝broken bank となり，全体では「壊されたベンチ」が原義です。名詞形は bankruptcy「破産」「倒産」です。rupture は，「決裂」「断絶」「仲たがい」ですが，医学用語として使用されると「ヘルニア」「脱腸」の意味となります。ちなみに to disrupt「混乱させる」「崩壊させる」は，分解すると dis＋rupt＝away＋break で，「破って離れる」です。また to erupt「噴出する」は，分解すると e（＝ex）＋rupt＝out＋break「勃発する」「吹き出る」です。interrupt「さえぎる」「中断する」は，inter＋rupt＝between＋break で，「中に入って壊す」が原義です。to corrupt「堕落させる」（動詞），「堕落した」（形容詞）は，con＋rupt＝together＋break で，「一緒に壊れる」が原義です。

◆**commission**「手数料」

　commission は，他には「命令」「委任」「委員会」「犯罪の実行」などの意味があります。動詞形は to commit で，これは com＋mit＝together＋send に分解でき，「一緒にして送り出す」が原義です。その昔は「兵士を戦場に送り出す」「人を施設に収容する」という意味で使われました。そのようなことをする人に託すので「委任する」「委託する」意味となり，名詞形の commission は，「委任」やそのときの「手数料」となりました。

　commissioner「（官庁などが任命する）委員」は「権限や業務を委任された人」が原義です。mit を含むことばは他にもあります。to admit

「認める」は ad + mit = to + send で「〜に送る」が原義で，名詞形は admission「入場」「許可」です。to remit「送金する」は，re + mit = back + send で，本来は「差し戻す」「回送する」の意味です。他には message「伝言」や missile「飛び道具」「ミサイル」にも mit が語源として含まれています。

◆**confidential**「極秘の」

confidential は，動詞 to confide「信頼する」「打ち明ける」「任せる」から派生した形容詞で，名詞形は confidence「信頼」「自信」「秘密」です。形容詞形は confidential の他に，confident「自信のある」「確信して」があります。to confide は，con(= com) + fide = completely + trust で，「完全に信頼する」が原義です。書簡に confidential とあれば「親展」の意で，本人しか開封できません。英文契約書中の confidentiality は「秘密保持」の意味です。音響機器で「ハイファイ」というのがありますが，これは high fidelity「高忠実度」のことです。また信用状の文言の中に bona fide holders of drafts「為替手形の善意の所持人」というのがありますが，ラテン語の bona fide は，in good faith「善意の」という意味です。上記は，holders in good faith of drafts と書き換えることができます。

◆**exclusive agent**「一手代理店」

exclusive は，「独占的な」「排他的な」という意味ですが，これは動詞 to exclude の派生語で，これを分解すると，ex + clude = out + close で，to shut out「閉め出す」が原義です。この反対が inclusive「含めて」で，動詞は to include「含む」であり，これは include は in + clude = in + close「中に閉じる」に分解できます。to conclude「終結する」「結論する」「締結する」は，con(= com) + clude = completely + close で，「完全に閉める」が原義です。この形容詞形は conclusive「決定的な」で，conclusive evidence は「確証」という意味で，prima facie evidence「一応の証拠」と比較対照されます。to preclude「除外する」「阻む」は，pre + clude = before + close で「前もって閉める」が本来の意味です。to seclude「閉じ込める」は，se + clude = apart + close で「離れて閉める」が原義です。この名詞形は，seclusion「隔絶」「隠遁」「閑居」です。recluse「世捨て人」「世を捨てた；孤独な」も re + cluse = back（または away）+ close で「後ろで閉める」が原義です。最後に to occlude「ふさ

ぐ，さえぎる」は，oc(＝ob)＋clude＝against＋close に分解できます。なお名詞形の occlusion には「(歯の) 噛み合わせ」の意味があります。

◆**to expire**「(信用状の) 有効期限が切れる」

　to expire は，分解すると ex＋spire＝out＋breathe で「息を吐き出す」が原義です。spire の s は ex と結びついたとき脱落しました。「息を吐き出す」→「息を引き取る」→「死ぬ」となりました。「信用状が死ぬ」ことは「信用状の期限が切れる」意味となります。expiry date は「有効期限」のことですが，食物の「賞味期限」，より正確には「消費期限」にも使えます。

　この反対の to inspire「息を吸い込む」「吹き込む」「鼓舞する」は，in＋spire＝in＋breathe と分解できます。この名詞形は，inspiration「インスピレーション」「霊感」です。to conspire「共謀する」は，con＋spire＝together＋breathe で「一緒に息をする」が原義です。仲間が同じ部屋で一緒に呼吸をしながら企んでいる様子が思い浮かばれます。この名詞形は conspiracy「共謀」「陰謀」です。to respire「呼吸する」は，re＋spire＝regularly＋breathe で，この場合の re- は連続的に反復しての意味です。ちなみに respirator は「人工呼吸器」という意味です。

◆**to indemnify** [indémnəfài]「損失を補償する」「補填を約束する」

　これはラテン語 indemnis を語源とし，分解すると in＋demnis＝not＋damage です。これに動詞を作る＋fy がつきました。名詞形は indemnity [indémnəti]「補償」「損失補償」「損害補填」「賠償金」「免責」です。damn「のろう」「畜生！」も demnis を語源としています。condemn「非難する」「罪を宣告する」は，con (強意の接頭辞)＋demn で「全面的に責める」というのが本来の意味です。

◆**letter of guarantee; L/G**「保証状」

　guarantee [gæ̀rəntíː]「保証契約」「被保証人」「保証する」は，guaranty [gǽrənti]「保証」「保証契約」の派生語ですが，warranty「担保」「担保責任」「保証」と共に，それぞれ古代フランス語の guarant と warant が起源です。本来 guarant と warant は同根で，フランス国内の方言同士にすぎなく，中央フランス方言では語頭が g (または gu) となる単語が，北部フランスでは w となる場合があります。要するに同じことばの方言が別々に英語に入ってきました。他にたとえば

regard「関係」「敬意」と reward「報酬」や guardian「保護者」と warden「番人」も同様の関係にあります。さらには同様の対応では，Guillaume と William（人の名），guerre と war（戦争），garderobe と wardrobe（洋服ダンス）や，また qu と wh の対応では，qua と what，qui と who，quand と when なども同様な関係にあります。

◆**mediation**「調停」

レストランでステーキを注文するとき焼き具合について，"rare" "medium" か "well-done" かと，聞かれますが，それぞれ「生焼けの」「中位焼けの」「十分に焼けた」という意味であることは，たいていの人が知っています。この medium は，「中位の」「中間の」という意味であり，名詞形も同形で，その複数形は media で mass media「マスメディア」などと使用されます。medium, media にはもちろん，中間に位置して行動を起こすものとして「媒介」「手段」の意味もあります。回りくどくなりましたが mediation は，to mediate「調停する」の名詞形，to mediate は medium からの派生語で「中間に位置して取りなす」が原義です。Mediterranean「地中海」は，分解すると medi + terra + nean = middle + land + eous + an で，eous は形容詞を作り，最後の an は名詞を作る語尾ですが合わさって短縮されました。全体としての意味は inland で，このことばが作られたころのヨーロッパは，北アフリカもヨーロッパの一部と考えられ，地中海が中心でした。なお immediate「直接の」「即時の」は，分解すると im (= in) + mediate で「間になにもない」が原義です。この in は，indirect や impossible のように，否定を表します。

◆**to merge**「合併する」「吸収する」

これは本来「海に沈む」という意味です。mer は「海」を意味し，フランス語では，海はまさしく la mer，南部ドイツでも das Meer と言っています。英語では mermaid「人魚」の中にあります。これは mer + maid = sea + girl「海の少女」が原義です。maid はドイツ語の Mädchen の Mäd と同根です。to merge の名詞形は，merger「合併」です。to immerge「水に沈む」「水に浸す」は，im (= in) + merge = in + dip に分解できます。類似の例に to immerse「液面下に沈める」「没頭させる」「浸礼を施す」があります。emergency「非常事態」「緊急事態」は，動詞 to emerge「（水中から）浮かび上る」の名詞形ですが，to emerge を分解すると，e(=ex)+merge=out of sea で「海中に隠れて見えなかったものが，不意に海面上に出現する」が原義です。もう一つの名詞形 emergence「出現」「脱出」も同じ原義です。

◆**to reimburse**「払い戻す」「返済する」

　これは一見難しそうに見えますが，分解すれば非常に簡単です。これは re+im+burse=back+into+purse で「（他人の）財布の中に戻す」が原義です。burse は，ギリシャ語 byrsa「皮」に由来するラテン語 bursa「皮の財布」を起源としています。また purse「財布」や bursar「会計係」「出納係」などの語源です。フランス語の bourse「財布」「奨学資金」やドイツ語の Börse「市場」「取引所」と同根です。信用状取引では，to reimburse とは，荷為替手形を割引き，輸出者に前払いしてくれた買取銀行に対して，信用状開設銀行などがその前払い金額を埋合わせのため返済することを言います。業界では単に「決済する」「補償する」といっていますが，意味は説明の通りです。reimbursing bank「決済銀行」「補償銀行」は，信用状取引において，為替手形の名宛人が信用状開設銀行になっていながら，実際に決済する銀行がそれ以外の銀行すなわち開設銀行の本支店やコルレス銀行となる場合の銀行をいいます。

◆**specifications**「仕様書」

　specifications は，通常複数形で使用されますが，これは複数でないと仕様（詳しい説明）にならないからです。particulars「明細」も同じ理由です。specifications の動詞は，to specify「明細に記す」で，形容詞形は specific「特定の」「明細の」です。いずれもラテン語 species「種類」を語源としています。英語でも species（単複同形）「種」「種属」「種類」がそのまま使用されています。ラテン語の species を語源としているもう一つの系統は，special「特別の」およびその派生語 speciality [spèʃǽləti]「特色」「専門」，specialty [spéʃəlti]「専門」「特質」「特製品」，to specialize「専門化する」，specialization「特殊化」「専門化」などがあります。specimen [spésəmin]「見本」「標本」は「species（種類）を示すために見せるもの」が原義です。

◆**territory**「販売地域」

　territory は，本来「広大な土地」「領土」などを意味し，スポーツでの「守備陣内」，動物や暴力団などの「なわばり」をも意味します。

territoryは，ラテン語のterra＝earth, landとラテン語系名詞語尾-oryとの組合せです。terraを語源とすることばとしては，terrace「テラス」が代表例です。フランス語でEnglandは，Angleterre（Angle＋terre）「アングル族の国」といいます。また，難しいことばですが，extraterritorial「治外法権上の」もextra＋territorial「領土外の」と分解できますし，extraterrestrial＝ET「他の惑星の（生物）」もextra＋terrestrial「地球外の」に分解するとよく理解できます。

●参考文献●

Bacquet, Paul, *Le vocabulaire anglais*, Collection <Que sais-je?> No.1574, Paris, 1974（森本英夫・大泉昭夫訳『英語の語彙』白水社，1983 年版）

Blake, Gary and Robert W. Bly, *The Elements of Business Writing*, New York: Collier Books, 1992（荒竹三郎訳『ビジネス英文文章ブック』荒竹出版，1995 年）

Bradley, Henry and revised by Simeon Potter, *The Making of English*, London: Macmillan, 1968（寺澤芳雄訳『英語発達小史』岩波書店，1982 年）

Garner, Bryan A., *Legal Writing in Plain English*, Chicago: Chicago Guides to Writing, 2001

Gordon, Saul and Stephen Kurzman, *Modern Annotated Forms of Agreement*, Englewood Cliff: Prentice Hall Inc., 1980

Mellinkoff, David, *The Language of the Law*, Boston: Little Brown Co., 1963

――――, *Legal Writing: Sense & Nonsense*, St. Paul: West Publishing Co., 1982

Potter, Simeon, *Our Language*, Middlesex: Pelican, 1979

Strunk, William Jr. and E. B. White, *The Elements of Style*, 4th ed., Boston: Allyn and Bacon, 2000

Weekley, Ernest, *The English Language*, London: Andre Deutsch, 1958

浅田福一『国際取引契約の実務』ダイアモンド社，1976 年

岩崎一生『英文契約書［全訂新版］』同文館，1998 年

――――――「輸出禁止と国際契約」『国際商事法務』第 9 巻，1981 年

大須常利・淵本康方『国際契約の手引』日本経済新聞社，1979 年

柏木昇「国際物品売買」『国際取引契約 (1)』現代契約法大系第 8 巻，有斐閣，1983 年

桜庭一郎『英語史概説』篠崎書林，1983 年

沢田寿夫編『国際取引ハンドブック』有斐閣，1984 年

土井輝夫編『国際契約ハンドブック』同文館，1977 年版

土家典生『語源で速攻　英単語 2500』小学館，2002 年

中村秀雄『［新訂版］英文契約書作成のキーポイント』商事法務研究会，2006 年

牧野和夫『英文契約書の基礎と実務』DHC，2009 年

松枝迪夫・柏木昇『国際取引法―法務と契約の実務［第二版］』三省堂，2006 年

宮野準治・飯泉恵美子『英文契約書の基礎知識』The Japan Times，2010 年版

山本孝夫『英文契約書の書き方［第二版］』日本経済新聞社，2006 年

――――――『英文契約書の読み方』日本経済新聞社，2006 年

渡部昇一『英語の歴史』大修館書店，1984 年

大崎正瑠『ビジネスレターの英語』荒竹出版，1994 年
―――――『英文契約書を読みこなす』丸善，1999 年
―――――『ビジネス・コミュニケーション論』西田書店，1995 年
―――――「語源で英語の語彙を増やす」『人文自然科学論集』第 111 号，2001 年
―――――『詳説船荷証券研究』白桃書房，2003 年
―――――『基本貿易取引［改訂版］』白桃書房，2004 年
―――――「ビジネス英語の習得」『人文自然科学論集』第 120 号，2005 年
―――――「英文契約書の研究」『人文自然科学論集』第 130 号，2011 年

●参考辞典●

Handler, Jack, *Ballentine's Law Dictionary*, Legal Assistance ed., Rochester: The Lawyer's Co-Operative Publishing Company, 1994

Garner, Bryan A., *Black's Law Dictionary*, Standard ed., St Paul: West Publishing Company, 2009

Longman Dictionary of Contemporary English, 5th ed., Harlow: Pearson Education Limited, 2009

Onions, C.T., ed., *The Oxford Dictionary of English Etymology*, Oxford: OUP, 1966

Oxford Advanced Learner's Dictionary of Current English, 7th ed., Oxford: Oxford University Press, 2010

Webster's Third New International Dictionary of The English Language, Springfield; Merriam, 2002

鳳常夫・北沢正啓『英米商事法辞典［新版］』商事法務研究会，1998 年
小川芳男編『ハンディ語源英和辞典』有精堂，1975 年版
『ジーニアス英和辞典〈第 4 版〉』大修館書店，2009 年版
『新英和大辞典［第 6 版］』研究社，2007 年版
『新編新英和活用大辞典』研究社，2003 年版
『プログレッシブ英和中辞典』小学館，2007 年版
瀬谷廣一『語根中心　英単語辞典』大修館書店，2001 年
田中英夫『英米法辞典』東京大学出版会，2001 年
寺澤芳雄編『英語語源辞典』研究社，1997 年
山本孝夫『英文ビジネス契約書大辞典』日本経済新聞社，2001 年

英語索引

a
abandon 170
about equal to 52
accept 52
acceptance 13
acceptance of order 48, 185
access 169
accident insurance 173
act 92, 172
action 66
acts of God 39, 116, 154
administrator 60
advertisement 168
affiliated company 76
agency 88
agent 41, 86
agent's duties 91
agreement 12
agreement of general terms and conditions of business 48
allowance 63
alteration 170, 175
amalgamation 137
annex 4, 73
apartment lease 160
appendix 4, 73
application 104
appreciate 185
approval 114
arbitration 26, 64, 118
arbitrator 26
arm's-length 27
articles 127
articles of association 127, 139
articles of incorporation 127, 139

as follows 101, 160
as is 27, 177
as of 173
as per 27
as the case may be 27
assign and transfer 117
assigned or transferred 80, 94
assignment 117
assimilation 2
associated company 76
assume 58
at one's discretion 27
at par value 131
at seller's option 55
at the request of 109, 143
attachment 4, 60, 73
attorney 92
auditor 138
authority 53, 80, 90
authorization 114
available 149
award 27, 65, 119

b
balance 149
balance sheet 140
bankrupt 95, 185
barrister 92
basic agreement 98, 127
battle of forms 48
best efforts 28, 114
best endeavor 28
binding 52
B/L 55
blockade 62, 116
board of directors 132, 133

breakdown 117
breach 95
bylaws 127, 139

c
calendar day 106
calendar period 107
cancelation 96
case law 4
casualty 173
casualty insurance 173
CFR 68
Chamber of Commerce 117
Chamber of Commerce and Industry 117
CIF 68
CIP 54, 68
civil commotion 62
claim 63
clean hand 5
code 164
come into effect 155
come into force 155
Commercial Arbitration 119
commission 28, 70, 93, 94, 186
common law 5
common par-value stock 137
compensation 93, 109
compliance 171
composition 79
conclusive proof 55
condemnation 173
condition precedent 28
condition subsequent 28
confidence 80
confidential 115, 187
confiscation 62
confrontation 2
consecutive 95
consideration 13, 107
consideration clause 17
consortium 126
conspicuous 26
constitute 94
construction 65, 119
construe 53
consul-general 62
consultation 115
context 50, 102
contingency 62
continuance 95
contract 13
contracted products 53
cooperate 28
corporation 72, 100
counselor 92, 176
countable 6, 9
countersign 48
court order 170
covenant 15, 28
CPT 68
cracked 88
credit 28
credit ... with 92
creditor 79
cumulative 29
cure 60, 122
currency 57

d
damage 57
debenture 137
debit 29
debtor 60
decision 31, 119
decree 31, 119
deed 15
deed indented 15
defend 111
defendant 31, 45
deliberate 153
directions 94
director vice-president 133
disability 109
disburse 29
disclose 104
disclosure 103
dispute 64, 118

dissolution   60
distribution   74
distributor   70, 74
distributorship agreement   70
dividend   137
doctrine of vagueness   14
documentation   115
drawing   104
due   46, 162
due and payable   107
duplicate copy   48
duty   164

e
effect date   179
electronic agent   14
embargo   62, 116
eminent domain   173
enforceable by law   12, 24
enter into   79, 100
equipment   103
equity   5
equity interest   76
escrow   15
establishment   130
estoppel   5
events of default   59
evidence   111
exchange rate   107
exclusive   102
exclusive agency   86
exclusive agent   187
exclusive distributor   70
exclusive selling agent   86, 88
execute   22, 122, 132
exhibit   4, 73, 170
expiration date   122
expire   173, 188
express   78
express warranty   85
expressly   55, 120
extension   63

f
facilitate   123

facilities   103, 164
favorable   113
FCA   68
file   79
financial statements   141
finding   119
firm offer   51
fiscal year   139
FOB   68
for the benefit of   79
force majeure   39, 62, 116
foreclosure   176
foreman   143
forthwith   60, 95
forward   64
fraction   145
free of charge   105
from time to time   29

g
general meeting of stockholders
   132, 134
general partnership   126
govern   53, 119
governing law   65, 96, 119
guarantee   29, 57, 181
guarantor   29, 181
guaranty   29, 181

h
happening   62
heading   123
held   65
here-   29
hereafter   118
hereby   50, 74, 102
herein   82, 102
hereinabove   112
hereinafter   30, 50, 72
hereto   65, 67, 79
hereunder   107
high context culture   158
hospital treatment   105
hostility   62

i

ICC (A)　56
identification mark　58
illegal　178
imperil　95
implied　78
implied warranty　85
impose　105
imposed upon　164
improvement　109
in accordance with　74, 171
in an amicable way　64, 118
in commerce　75
in conformity with　64
in default　179
in dispute　64
in duplicate　30, 48, 67
in effect　82, 107
in favor of　30, 177
in force　107
in good condition　92
in good order　174
in lieu of　31
in nature　80
in principle　105
in transit　60
in triplicate　30
in turn　77
in witness whereof　20, 31, 67, 123
in writing　31, 64, 153, 161
incapacity　95
including, but not limited to　30
including, without limitation　30, 60
income statement　140
incorporated joint venture　125
incorporation　138
Incoterms　54
indemnify　57, 78, 188
indemnity　30, 188
indenture　15
industrial property right　77, 111
industrial waste　164
infringe　111
infringement　57
innominate terms　84
insofar　31
insolvency　60
insolvent　95
inspection　53
installation　103
installments　144
instructions　74, 167
instrument　122
insurance policy　57
insurrection　62
intermediate terms　84
interpretation　122
invalid　66, 121
inventory　82
invoice　58
irrevocable　56, 109
ISO　149

j

Japan Commercial Arbitration Association　64, 119
joint venture agreement　129
jointly and severally　31
judgment　31
jurisdiction　66, 96
jury trial　183

k

King's Bench Division　47
know-how　98
know-how agreement　98

l

landlord　160
last shot doctrine　48
lawsuit　31
lawyer　92
lease　160
letter of credit　56
letter of guaranty　188
letter of intent　12
L/G　188

license agreement 98
licensee 98
licensor 98
lien 175
likely customer 78
limited partnership 126
liquidation 60
liquidator 60
litigation 31
lodging 105
loss 57
low context culture 158
m
machinery 103
made out 57
majority 134
make sure 181
managing director 133
marketing 104
master agreement 48
material 111, 172
may 24
mediation 189
medical attention 105
medical treatment 146
memorandum 12, 40
memorandum of association 127, 139
merge 120, 189
minutes 12
minutes of meeting 12
mobilization 62, 116
modify 67, 113
mortgage 176
mortgagee 170
mortgager 170
mortgagor 170
n
nature 63, 107
nominate 132
noncompliance 171
note 12
notice 118

notwithstanding 32, 104
o
offer 13
omission 28, 92, 172
on a ~ basis 32, 54
on a bona-fide basis 112
on behalf of 76, 90
on or about 44
operative part 18
order sheet 48
otherwise 32, 50, 53
p
packing list 58
par value 140
parent company 76
parole evidence rule 14
particulars 63
partnership 126
party 51, 79, 179
patent license agreement 98
payable 57
performance 162
personnel 141
petition 60, 79
plague 117
plain English 34
plain language 180
plaintiff 31, 45
pledge 76
policy 57
postage prepaid 118
potential customer 78
power 90
power of attorney 32
precondition 138
premise 17, 181
prerequisite 138
prevail 90
prima facie 40
prima facie proof 55
prime bank 56
principal 41, 51, 70, 86
prior to 82

pro rata to　138
procedures　104
proceedings　60, 66, 79
profit and loss statement　140
promote　72
property　176
proprietary　109
prosecution　111
prospect　78
prospective customer　78
protective measures　150
provide for　54, 101
provided that　110
purchase note　48

q
Queen's Bench Division　47
quote　54

r
receiver　60, 79
recital　17, 72
reference　123
reference number　58
regardless of　109
registered　100
registered mail　64
regulations　94
reimburse　190
relative　160
release　82
remedy　60, 172
remit　150
remuneration　105
render　65
renewable　46
renewal　162
rent　160
repatriate　150
representation　78, 120, 178
representative　109
requirements　58, 163
requisition of vessel　62
resale　74
reserve the right　32

resolution　132
reveal　109
revolving L/C　29
riot　62, 116
royalty-free　110

s
sales agency agreement　88
sales agreement　48
sales note　48
sanction　116, 150
schedule　4, 73, 174
security　160
selling agent　70
sequestration　80
service　112
set forth　32, 89, 101
set one's hand　32, 67
settlement of disputes　64
severability　65, 120
SGA § 61　84
shall　24
ship　82
shipping documents　58
shipping instructions　82
shipping mark　58
signature　180
site　105
social security legislation　92
sole distributor　70
sole selling agent　86
solicit orders　89
solicitor　92
specialty　15
specifications　76, 104, 190
statement　162
statute of frauds　14
statutory law　5
stock　131
subcontractor　92
subject and subordinate to　175
subject matter　120
subject to　32, 51, 90
sublet　175

submit 54, 117
subordination 175
subscribe 131
subscribe one's hand 32
subsidiary company 76
substantial 181
substantially 114, 167
successor 177
supersede 23, 120
supplement 81
suspend 60
sustain 58
sworn surveyor 64
t
take a legal action 111
take effect 23
take steps to 111
technical assistance agreement 98
technical collaboration agreement 98
technological assistance agreement 98
teletransmission 62, 117
tempest 62
tenancy 47
tenant 160
term 82, 121, 160
term of agreement 66
terminate 74, 121
termination 95, 121
territory 70, 73, 74, 89, 102, 190
there- 32
thereafter 122, 171
therefor 74
thereof 78, 113
therewith 92
title 16
to that effect 113
to the contrary 104
to the extent 101

trade terms 53
trial by jury 183
trustee 60
u
UCC § 1-201 (3) 13
UCC § 2-201 (1) 14
UCC § 2-203 15
UCC § 2-204 14
UCC § 2-207 48
UCC §§ 2-312-317 26
UCC § 2-314 85
UCC § 2-315 85
unconditionally 115
uncountable 6, 9
unincorporated joint venture 125
unlawful 65, 121
unless otherwise agreed 33
unpatented 77
utilities 142
v
validation 114
verdict 119, 183
verify 62
vice versa 41
voting 136
w
waive 140
waiver 178, 179, 183
warranty 26, 78, 86, 120
whatever 63
whereas 33, 88, 101
whereas clause 17
whereupon 60
withhold 170
without commitment 33
without limiting the generality of the foregoing 33
without prejudice to 33, 60
witness 180
witnesseth 33, 88, 100
worthy of 148

日本語索引

あ行
アパート賃貸契約書　158
アメリカ統一商法典　14, 26
イギリス物品売買法　84
遺産管財人　60
一応の　40
一応の証拠　55
一覧表　73
一手代理店　187
一手販売代理店　86, 88
一手販売店　70
一般条項　49, 71, 86, 99, 128
一般的取引条件協定書　48
委任状　32
違反　95
インターコムズ　54
運送中の　60
延期　63
円満協議条項　2
王座裁判所　47
送り状　58
覚書　12, 40
親会社　76

か行
会計年度　139
解散　60
開示する　104
解釈　65, 123
解釈する　53
海上保険　57
解除条件　28
解除する　82
改造　170, 175
回転信用状　29
回復する　122
解約する　96
改良　109
書留航空郵便　118
書留郵便　64
確証　55
確定オファー　51
貸方記入する　28, 92
合併　137
合併する　120, 189
株　131
株式　131
株主総会　132
借方記入する　29
仮差押　80
為替相場　107
管財人　60, 79
監査役　138
関連会社　76
機械類　103
期間　82, 122, 160
技術提携契約　98
議事録　12
規則　94
規定　94
規定する　32, 54, 89, 101
基本契約書　48, 98
基本定款　127, 139
義務　164
救済　172
救済する　60
協会貨物約款（A）　56
協議　115
協定　12
協定書　12, 40

許可 114
禁輸 62
偶発事故 62
計算書 162
係争中 64
契約 12, 13, 15
契約条項 15
権限 90
原告 31, 45
原則として 105
権利放棄 178
権力 90
行為 92
合意 12
合意の明確性 14
工業所有権 77, 111
後継者 177
後行条件 28
広告物 168
高コンテクスト文化 158
更新 162
構成する 94
拘束力のある 52
公的収用 173
口頭証拠の原則 14
衡平法 5
合弁基本契約 127
抗弁する 111
子会社 76
国際商事仲裁協会 119
国際標準化機構 149
極秘の 187
コモン・ロー 5
コロン 25
梱包明細書 58

さ行
災害 173
債権者 79
在庫 82
最後に発砲した者が勝つ原則 48
財産 176
財産保全管財人 60

最少引受可能数量 55
最善の努力 114
裁定 27, 65, 119
再販 74
裁判 31
裁判管轄権 97
再販売 74
債務者 60
財務諸表 141
債務超過 60
詐欺防止法 14
作為 28, 98, 172
差押 60
指図 74, 94, 167
産業廃棄物 164
参照 123
参照事項 123
参照番号 58
3通 67
敷地 105
事実表明 78
自信 80
下請人 92
示談 79
質流れ 176
質にいれる 76
実行 111, 162
実質条項 49, 71, 87, 99, 128
支払不能 60
支払不能の 95
事務弁護士 92
示す 170
社会保障法 92
社債 137
修正する 113
終了する 74, 121, 173
主題 120
出資利害関係 76
準拠させる 53
準拠法 65, 96, 119
純重量 58
仕様 104
女王座裁判所 47

上記の証として 20, 31, 67, 84, 123
商業会議所 117
証券 57
条件付捺印証書 15
証拠 111
商工会議所 117
商事仲裁 119
仕様書 76, 190
証する 33, 100
承諾する 52
譲渡 117
譲渡される 80
承認 114
正味重量 58
証明する 62
職長 143
書式の争い 48
署名 180
署名する 32, 67
書面により 31, 64
所有権 109
人員 141
侵害 57
侵害する 111
申請 104
信用状 56
信頼 80
制裁 116
清算 60
清算人 60
制定法 5
正副2通 30, 48
設備 103, 164
説明条項 17
セミコロン 26
先行条件 28
先取特権 175
宣誓鑑定人 64
前文 17
専務取締役 133
総重量 58
総販売代理店 86

総販売店 70
総領事 62
訴訟 60
訴訟（権） 66
訴訟手続 60, 66
損益計算書 141
損害補償 30
損失補償 30

た行
貸借対照表 140
代表者 109
代理行為 88
代理資格 88
対立 2
代理人 41, 51, 86
直ちに 60
立会人 180
担保 26, 78, 86, 120, 181
仲裁 26, 64
仲裁人 26
注文請書 48, 185
注文書 48
治癒する 60
調停 189
賃借人 160
賃貸契約 47
賃貸する 160
追加 81
通貨 57
通知 118
積荷 55
定款 127
低コンテクスト文化 158
停止条件 28
停止する 60
提出する 79
抵当権 176
抵当権者 170
抵当権設定者 170
抵当権流れ 176
抵当にいれる 76
敵対行為 62

手数料　70, 186
手続き　79
天災　116, 154
電信　62, 117
添付書類　4, 73, 174
動員　116
同化　2
当局　53
当事者　51, 79, 179
頭書　17
独占的代理権　86
特約　15
取決め　12
取消不能　109
取消不能信用状　56
取消不能な　56
取締役会　132
取締役副社長　133

　　な行
捺印契約　15
捺印契約証書　15
捺印証書　15
荷印　58
２通　30, 67
認可　114
値引き　63
ノウハウ　98

　　は行
賠償金　30
陪審裁判　183
配当　137
売買契約書　48
売約書　48
買約書　48
歯形捺印証書　15
破産　80
破産管財人　60, 79
発行される　57
発効日　179
払い戻す　190
判決　31, 119

販売促進する　72
販売代理店　70
販売代理店契約書　86
販売地域　70, 74, 86, 89, 102, 190
販売店　70
販売店契約書　70
販売用冊子　76
判例法　4
被告　31, 45
非代理資格　76
備忘録　12
被保証人　29
秘密の　115
評決　119, 183
表示　78, 120
表題　16
封鎖　116
不可抗力　39, 62, 116
副署　48
副本　48
不作為　28, 92, 172
不遵守　171
付随定款　127, 139
普通額面株　137
不適格　95
船積　55
船積依頼　82
船荷証券　55
プラント契約　98
不履行　62, 95
分割払い　144
文書　122
紛争　118
文脈　50, 102
分離　66
平易な英語　34
平易な言語　180
併合する　120
別段　32, 50
別途協議条項　2
別表　73, 174
弁護士　92, 176
放棄　183

放棄する　170
報酬　93, 105
法人　72, 100
包装明細書　58
法廷弁護士　92
法典　164
暴風雨　62
法律顧問　176
他の方法で　32
保管人　60
保険証券　57
保証　29
補償　30, 93, 109
保証契約　29, 181, 188
保証状　188
保証する　57
補償する　57, 78, 188
保証人　29
没収　62
補填する　57
本人　41, 51, 70, 86

　ま行
又貸し　175
見込み客　78
見積もる　54
無償で　105
無能　95
明細　63
明示的　78
明示的担保　85
明示的に　55, 120
免責　30

免責する　57
申立　60, 79
黙示的　78
黙示的担保　85
黙示的に　55, 120

　や行
約因　13, 107
約因条項　17
約定　13, 15
約定品　53
家賃　160
約款　15
家主　160
遺言　24
友好的方法で　118
有効な　107
輸出禁制　116
輸送費保険料込渡し　54
要件　58, 163
予備的合意　12

　ら・わ行
ライセンサー　98
ライセンシー　98
ラテン語　37
利害関係　76
留置権　175
流通　74
劣後化　175
連帯して　31
和議　79

◆著者紹介

大崎正瑠（おおさき　まさる）
1944年北海道生まれ。慶応義塾大学商学部卒業後、ビジネス界で実務を経験。その後、早稲田大学大学院修士課程修了。大妻女子大学教授・東京経済大学教授を歴任。その間ペンシルヴァニア大学ビジネス・スクールおよびロー・スクール客員研究員、対外経済貿易大学（北京）交換教授などを経験。研究分野はビジネス・コミュニケーションおよび異文化コミュニケーション。著書に『ビジネス・コミュニケーション論』（西田書店）、『ビジネスレターの英語』（荒竹出版）などがある。

[新版] 英文契約書を読みこなす
© OSAKI Masaru, 2011　　　　　　　　　　　NDC836／vi, 205p／21cm

初版第1刷────2011年6月20日

著　者────大崎正瑠
発行者────鈴木一行
発行所────株式会社大修館書店
　　　　　〒113-8541　東京都文京区湯島2-1-1
　　　　　電話　03-3868-2651 販売部／03-3868-2292 編集部
　　　　　振替　00190-7-40504
　　　　　[出版情報] http://www.taishukan.co.jp

装丁者────岡崎健二
印刷所────倉敷印刷
製本所────ブロケード

ISBN978-4-469-24562-2　Printed in Japan

Ⓡ本書のコピー、スキャン、デジタル化等の無断複製は著作権法上での例外を除き禁じられています。本書を代行業者等の第三者に依頼してスキャンやデジタル化することは、たとえ個人や家庭内の利用であっても著作権法上認められておりません。